Lo que quiero decir

Lo que quiero decir

JOAN DIDION

Traducción de
Javier Calvo

LITERATURA RANDOM HOUSE

Papel certificado por el Forest Stewardship Council®

Título original: *Let Me Tell You What I Mean*

Primera edición: octubre de 2021

Printed in Spain — Impreso en España

ISBN: 978-84-397-3939-5
Depósito legal: B-10.774-2021

Compuesto en La Nueva Edimac, S.L.
Impreso en Egedsa (Sabadell, Barcelona)

RH39395

ÍNDICE

EL ACONTECIMIENTO DIDION

Vi por primera vez a Joan Didion en una foto que Claudio López Lamadrid, antiguo director editorial de Penguin Random House, publicó en Facebook en 2012. El pie de foto rezaba: «Es ella». En la imagen estaba Claudio junto a la famosa «Es ella» que yo desconocía. Ser nombrada de esa manera hacía que mi desconocimiento fuera más flagrante. «Es ella» debía de ser una diosa a la que ni siquiera hacía falta nombrar, una mujer mítica como Sofía Loren o Catherine Deneuve, conocida por todo el orbe terrestre. Junto a «Es ella», además, estaba un Claudio arrobado, y eso me impresionó. Era muy difícil que el gran editor, ya de vuelta de casi todo, mostrara una admiración tan abierta. Él sonreía junto a esa mujer anciana, extremadamente delgada y muy glamurosa, con su pañuelo violeta y sus gafas grandes y oscuras que le ocultaban medio rostro. La misteriosa divinidad le firmaba un libro, muy seria y concentrada, las manos huesudas, el cabello un poco revuelto a causa del viento. ¿Quién diablos era ella?

Mi desconocimiento no debería haberme extrañado. Hasta hace poco, a Joan Didion apenas se la leía en España. En el siglo XX, solo un par de libros suyos vieron la luz en nuestro país. En 1978, la editorial Grijalbo publicó *Réquiem por una burguesa*, rescatada casi dos décadas más tarde bajo el título *Una liturgia común* por Global Rhythm Press, y en 1988

Espasa Libros publicó *Miami*, donde se aborda la vida de los cubanos exiliados tras el derrocamiento de Batista y el peso de esta comunidad en la política estadounidense. Los libros tuvieron una acogida discreta, y solo con el boom de la literatura del yo la escritora estadounidense logró una visibilidad mayor aquí gracias a dos libros autobiográficos: el celebradísimo *El año del pensamiento mágico*, ganador del National Book Award y finalista del Premio Pulitzer y del National Book Critics Circle Award, y *Noches azules*. El primero narra el duelo por la muerte de su marido, el también escritor John Gregory Dunne, que se completó tristemente con *Noches azules*, donde Didion cuenta los veinte meses que su hija Quintana pasó en varios hospitales para, finalmente, fallecer.

La presente obra, *Lo que quiero decir*, recoge un puñado de artículos de distintas épocas que constituye un curioso complemento a la nota biográfica que figura en la solapa de cualquiera de sus obras. Por ello, gustará tanto a quienes ya sean admiradores de Didion como a quienes se acerquen por primera vez a ella. ¿Por qué digo que es un curioso complemento? Porque parece un libro destinado a ser la cara B de unos asépticos datos biográficos. En ellos se habla de California, donde la autora nació en 1934, y donde también transcurren buena parte de sus artículos y novelas por pura nostalgia y fidelidad a la tierra donde creció (la propia Didion confesaba en una entrevista para *The Paris Review* que siempre ha buscado escribir sobre asuntos californianos, pues ello le permitía escaparse a su tierra natal; en la misma entrevista asevera que es la añoranza por la tierra perdida la que alumbra el paisaje de sus novelas). Asimismo, en el presente volumen se habla de la Universidad de Berkeley, donde se graduó, no como un mérito, que es lo que uno piensa si eso figura como hito biográfico, sino como un fracaso, pues ella aspiraba a ingresar en Stanford. El fracaso, por supuesto, entrañó una gran lección (¿por qué si no dedicarle un artículo?), que no desvelaré aquí para que el lector llegue virgen al meollo del asunto. Otro de los titulares biográficos, su paso por la todopoderosa revista *Vogue*, es desmenuzado en «Contar historias» en un sentido que no tiene que ver con la moda, sino con un aprendizaje literario esencial para quien es considerada como una de las escritoras estadounidense más importantes de la segunda mitad del siglo XX. Dicho aprendizaje está relacionado, sorprendentemente, con saber redactar un pie de foto.

Los textos más suculentos de *Lo que quiero decir* son los que profundizan en su oficio. Para la autora hay una gran diferencia entre escribir ensayos y novelas, según refiere ella misma en la entrevista para *The Paris Review* mencionada con anterioridad. En el ensayo no hay descubrimiento y, por ello, el proceso le resulta aburrido. Consiste únicamente en contar lo que ha visto, mientras que una novela entraña una aventura en la que avanza a ciegas, sin saber qué quiere contar, averiguándolo conforme toma cuerpo. Si hacemos caso a sus propias palabras, esto es así de una manera radical. La escritora asevera no tener nada de nada cuando comienza un proyecto de ficción, ni personajes, ni atmósfera ni historia; parte tan solo de una noción meramente técnica de lo que se propone hacer, como, por ejemplo, una novela larga. Ahora bien, lo que sí sabe muy bien Joan Didion es en qué consiste la escritura, como demuestra en los mejores ensayos de este volumen, los titulados «Contar historias», «Últimas palabras» y «Por qué escribo». En el primero de ellos refiere su asistencia, con diecinueve años, a la clase de literatura inglesa del escritor y crítico Mark Schorer, que en la práctica era un taller literario. En él, la joven Didion aprende algo muy importante: que la parálisis sobreviene ante cualquier condicionamiento ajeno al texto mismo, aun cuando este tipo de condicionamiento sea literario. No hay teoría que se anteponga a la práctica. Quien escribe está al servicio de lo que pugna por ser contado, y no de ninguna pretensión propia ni de ninguna moda. El escritor se debe absolutamente al texto, es su siervo. Así, en «Por qué escribo», afirma:

> La ordenación de las palabras importa, y la ordenación que buscas la puedes encontrar en la imagen de tu mente. La imagen dicta la ordenación. La imagen dicta si esta va a ser una frase con o sin cláusulas subordinadas, si la frase va a terminar en seco o va a ir muriendo poco a poco, si va a ser larga o corta, activa o pasiva. La imagen te dice cómo has de ordenar las palabras, y la ordenación de las palabras te dice, o me dice a mí, qué está pasando en la imagen. *Nota bene*:
> Te lo dice ella a ti.
> No se lo dices tú a ella.

En «Últimas palabras» consigna la importancia que tuvo Ernest Hemingway, el autor que renovó la lengua inglesa. Hemingway le enseñó cómo funcionan las frases (de adolescente, Didion mecanografiaba sus relatos para aprender su estilo directo, claro, perfecto), y también que en las primeras oraciones de una narración se contienen las demás, como en la semilla humilde y diminuta el árbol de gran y majestuoso porte, y por eso resultan decisivas. Didion critica la traición llevada a cabo por la viuda y albacea de su maestro, Mary Welsh Hemingway, al publicar póstumamente algunos fragmentos de sus cartas, señalando que el difunto Hemingway, para quien resultaba fundamental cada palabra, no habría aprobado que sus cartas vieran la luz.

> Hemingway fue un hombre para quien las palabras importaban. Trabajaba en ellas, las entendía, se metía en ellas. Cuando tenía veinticuatro años y leía los textos que la gente

enviaba a la *Transatlantic Review* de Ford Madox Ford, a veces intentaba reescribirlos solo para practicar. Debió de quedarle muy claro ya por entonces su deseo de que solo lo sobrevivieran las palabras que él consideraba adecuadas para su publicación. «Me acuerdo de que Ford me decía que un hombre siempre debía escribir sus cartas pensando en cómo sonarían en la posteridad –le escribió a Arthur Mizener en 1950–. Aquello me desagradó tanto que quemé todas las cartas que tenía en el apartamento, incluidas las de Ford.» En una carta con fecha del 20 de mayo de 1958, dirigida «A mis albaceas» y guardada en la caja fuerte de su biblioteca de La Finca Vigía, escribió: «Es mi deseo que no se publique ninguna carta de las que he escrito durante mi vida. Por tanto, por la presente solicito e instruyo que no publiquen ustedes ninguna de dichas cartas ni aprueben su publicación por parte de terceros».

Resulta llamativo que una de las cronistas fundamentales de la Norteamérica de la segunda mitad del pasado siglo, que además trabajó escribiendo reportajes, artículos y ensayos para los medios más importantes de Estados Unidos (aparte de en *Vogue*, Didion publicó en *Life, Squire, The New York Times* o *The New York Times Review of Books*), diga sin embargo que la no ficción le resulta menos estimulante, lo cual demuestra algo que cualquiera que escribe sabe: no siempre lo que uno estima como más importante termina siéndolo. Y es que, si Didion ocupa hoy un lugar de honor en las letras estadounidenses, es por sus crónicas. Las más sobresalientes, por cierto, pueden encontrase en Literatura Random House bajo el título *Los que sueñan el sueño dorado*, que recoge el brutal «Arrastrarse hacia Belén» (1967), un antídoto contra la mitificación de lo que fue la contracultura hippie, «El álbum blanco» (1968-1978), que aborda la misma época con una década de distancia, «Después de

Henry» (1992), dedicado a quien fue su editor, Henry Robbins; «Llegada a San Salvador, 1982» (1983), sobre los horrores del país y su relación con Estados Unidos, y «Miami» (1987), al que me he referido más arriba. Por trabajos como estos, Didion figura junto con Gay Talese, Truman Capote, Tom Wolfe o Hunter S. Thompson en la primera línea de lo que se llamó Nuevo Periodismo, un término que acuñó Tom Wolfe para definir una nueva manera de narrar que asumía lo que siempre ha estado implícito en el periodismo, el narrador testigo, esto es, subjetivo, no fiable, evidenciado a través del uso de recursos literarios en los artículos y crónicas. La asunción de la imposibilidad de contar el hecho objetivo dio lugar, paradójicamente, a una verdad más precisa por asumir sus propias condiciones de posibilidad. E insisto: ahí es donde Didion, que por cierto fue, junto a Barbara Goldsmith, la única mujer incluida en la antología *The New Journalism* (1973) editada por Tom Wolfe, brilla con luz propia.

Nota aparte merece el propio glamur de la autora, que obviamente no es ningún mérito literario, pero que sí ha contribuido a su leyenda en estos tiempos en los que la espectacularización de la propia vida parece un ingrediente más del éxito. Hagan la prueba de googlear su nombre y la verán posar, como un antecedente de la mismísima Kate Moss por su físico anoréxico, en su Corvette Stingray, con su marido y su hija en Malibú, o en Nueva York cuando trabajaba para *Vogue*. Esta imagen de estrella se perpetúa en 2015 al elegirla la marca de ropa francesa Céline como imagen de su campaña. Didion tenía ochenta años cuando hizo de modelo, con suéter negro y, cómo no, oscuras y enormes gafas de sol, imagen de una elegancia atemporal no ajena al luto que la autora llevaba por las muertes de su marido y su hija, contadas en los libros mencionados más arriba. Todo ello ocurre a pesar de la propia Joan Didion, quien, en la misma entrevista para *The Paris Review* a la que me he referido varias veces en este prólogo, contesta de la siguiente manera a la malévola pregunta de cómo alguien que dice valorar la intimidad por encima de cualquier otra cosa termina, sin embargo, escribiendo ensayos personales: «Podría decir que estaba escribiendo para mí misma, y obviamente es cierto, pero también es un poco más complicado. O sea, no es que no me diera cuenta de que aquella página la iban a leer once millones de personas. Escribir y actuar en público y exhibirme en general son cosas que siguen pareciéndome muy misteriosas. Conozco a una cantante que vomita cada vez que tiene que subir a un escenario, pero aun así sube».

De Didion hay, en fin, incluso un documental, *Joan Didion: El centro cederá*, dirigido por su sobrino Griffin Dunne, en el que, al parecer, reflexiona sobre su carrera y su agitada, y sobreexpuesta, vida personal. Digo «al parecer» porque yo no he visto del documental más que el tráiler (no tengo Netflix), y en él la podemos escuchar señalando que analizar hechos dramáticos ayuda a rebajar el miedo, homenajeando a su madre (fue la primera persona que le regaló un cuaderno para que apuntara sus pensamientos, y la niña Joan sintió que habría ahí una continuidad) y siendo, a su vez, homenajeada por diversas personalidades: «Joan Didion es extraordinaria», «E imprevisible», «La escritura de Joan Didion atrapa al lector», «Qué estilo tan fresco», «Escribe sobre todo tipo de cosas horribles», «Ella quería ir, quería formar parte de eso», «De repente, eras famosa», «Todo el mundo pasaba por su casa: Steven Spielberg, Marty Scorsese, Warren Beatty», «Sus palabras reflejaron nuestro mundo», «Consiguió hacer cosas que nadie había hecho antes», «Su voz formó nuestras vidas». Todas estas alabanzas promocionales del tráiler, donde, como fondo y mientras son proferidas con solemnidad, suena la tópica musiquita épica para apuntalar la gesta heroica, podrían estar igualmente en la faja de algunos de sus libros y, por tanto, despertar la misma sospecha que todas las frases de faja promocional. Y, sin embargo, créanme, en el caso de Joan Didion las flores de aroma propagandístico rebasan con creces la huera publicidad, porque son ciertas. Didion es fresca y extraordinaria e imprevisible, consigue hacer cosas que nadie había hecho antes y refleja, como pocos autores, un mundo, el estadounidense, que, para bien y para mal, ha extendido sus tentáculos por todo el orbe, hasta el punto de que hoy resulta imposible comprender la cultura y los acontecimientos políticos y económicos más recientes de los países occidentales (España entre ellos) sin mirar a Estados Unidos. Leerla es también, por consiguiente, adentrarnos en lo que nos ha sucedido a todos en las últimas décadas.

Es, pues, una estupenda noticia que podamos disfrutar de *Let Me Tell You What I Mean*, que es el título en inglés de *Lo que quiero decir*, el libro que tienen entre las manos, y que se suma a los seis que ya hay disponibles en Literatura Random House, sello que está recuperando para el lector en lengua española tanto su obra de no ficción (*El año del pensamiento mágico, Noches azules, Sur y Oeste* y *Los que sueñan el sueño dorado*) como la de ficción (*Su último deseo* y *Según venga el juego*, novela esta última seleccionada por la revista *Time* como una de las cien mejores en lengua inglesa publicadas entre 1923 y 2005, y llevada al cine por Frank Perry, con Anthony Perkins como protagonista).

Solo me resta añadir que ojalá la disfruten tanto como yo.

ELVIRA NAVARRO

LO QUE QUIERO DECIR

ALICIA Y LA PRENSA ALTERNATIVA

Los únicos periódicos americanos que no me dejan presa de una profunda convicción física de que alguien me ha cortado el suministro de oxígeno al tejido cerebral, probablemente usando un cable de la Associated Press, son el *Wall Street Journal*, el *Free Press* de Los Ángeles, el *Open City* de Los Ángeles y el *East Village Other*. No os lo digo para quedar como una excéntrica graciosa, perversa y ecléctica, ni, en fin, como una persona con gustos molones; estoy hablando de algo sofocante y extraño, de la incapacidad que mostramos todos para hablarnos entre nosotros de forma directa, de la incapacidad que tiene la prensa americana para «comunicar». El *Wall Street Journal* habla conmigo directamente (el hecho de que solo me interese una mínima parte de lo que me cuenta es irrelevante), y también la prensa «alternativa».

El *Free Press*, el *EVO*, el *Berkeley Barb* y todos esos periódicos de formato tabloide que reflejan los intereses especiales de la juventud y de quienes carecen de afiliación poseen la especial virtud de no adolecer de la pose de la prensa convencional, gran parte de la cual se basa en una «objetividad» bastante capciosa. No me malinterpreten: admiro muchísimo la objetividad, pero no comprendo cómo se puede alcanzar si el lector no entiende el sesgo particular de quien escribe. Porque el hecho de que quien escribe finja no tener ningún sesgo le otorga a toda su empresa una mendacidad que nunca ha infectado el *Wall Street Journal* y que todavía no infecta la prensa alternativa. Cuando alguien que escribe para un periódico alternativo aprueba o desaprueba algo, simplemente lo dice, a menudo en lugar del quién, el qué, el dónde, el cuándo y el cómo.

Por supuesto, la prensa alternativa no tiene nada de alternativo. Todo Nueva York al sur de la calle Treinta y cuatro está empapelado con el *EVO*; los contables de Los Ángeles recogen el *Free Press* a la hora del almuerzo en el Strip. Se ha convertido en un lugar común quejarse de que los periódicos son amateurs y están mal escritos (lo están), de que son ridículos (lo son), de que son aburridos (no lo son) y de que no están lo bastante limitados por la información. De hecho, el contenido informativo de los periódicos alternativos es extremadamente bajo. La noticia de una marcha por la paz o de la deserción de una banda de rock para unirse a las filas de la explotación (por haber publicado un disco, por ejemplo, o por haber aceptado el encargo de tocar en el Cheetah), los consejos de Patricia Maginnis sobre qué decirle al becario de la puerta si estás sufriendo una hemorragia después de abortar en México («Decidle con total libertad que Patricia Maginnis y/o Rowena Gurner os ayudaron a conseguir el aborto. Por favor, no incriminéis a nadie más. Nosotras estamos intentando que nos arresten, pero hay otra gente que no»), las dudas de un traficante de narcóticos de quince años («Tienes que estar comprometido con el estilo de vida de vender droga, o no podrás hacerlo bien»), las advertencias de que «El speed mata»: un número del *Free Press*, por ejemplo, es casi idéntico a los cinco números siguientes del *Free Press*, y para cualquiera que siga, aunque sea por encima, los diversos cismas entre consumidores de drogas y guerrilleros revolucionarios, también será indistinguible del *EVO*, del *Barb*, del *Fifth Estate* y del *Free Press* de Washington. En un periódico alternativo, nunca he leído nada que necesitara saber.

Pero pensar que esta prensa se lee en busca de «información» es no haber entendido su atractivo. La genialidad de estos periódicos es que hablan directamente con sus lectores. Dan por sentado que el lector es un amigo, que hay algo que lo inquieta y que les entenderá mejor si le hablan sin tapujos; este postulado de un lenguaje compartido y de una ética común confiere a sus reportajes un estilo bastante contundente. Uno de los últimos números del *Free Press* incluía un análisis de Ann Arbor escrito por una lectora llamada «Alicia», que contaba todo lo que hace falta decir sobre una comunidad universitaria en tres frases tan perfectas como un haiku: «Los profesores y sus esposas son exbeatniks (Berkeley, promoción del 57) que van a marchas por la paz y le llevan narcisos a U Thant. Algunos de los muchachos todavía creen en Timothy Leary y Khalil Gibran. Algunos de los padres de esos muchachos todavía creen en el Informe Kinsey».

Estos periódicos no hacen caso de los códigos convencionales de la prensa y dicen lo que quieren decir. Son estridentes y descarados, pero no irritan: tienen los defectos propios de un amigo, no de un monolito. («Monolito», por supuesto, es una de las palabras favoritas de la prensa alternativa, y una de las pocas que llegan a las cuatro sílabas.) Su punto de vista está claro hasta para el lector más lerdo. En lo mejor de la prensa tradicional existen actitudes tácitas muy contundentes, y el hecho de que esas actitudes no se hagan explícitas, no se admitan en voz alta, se interpone entre la página y el lector como el metano que emana de una ciénaga. El *New York Times* solo suscita en mí una desagradable agresividad agraria; me hace sentir como la hija descalza del feriante de *Carrusel*, que contempla cómo los hijos de la familia Snow se van dando brincos de felicidad a la cena del domingo con McGeorge Bundy, Reinhold Niebuhr y el doctor Howard Rusk. El cuerno de la abundancia se desborda. La Cruz de Oro centellea. La hija del feriante sueña con la anarquía y no confiaría en los hijos de la familia Snow ni aunque le dijeran que la noche anterior oscureció. Por debajo del nivel del *New York Times* o del *Los Angeles Times*, el problema no es tanto confiar en las noticias como encontrarlas; a menudo da la impresión de que ha sido un chimpancé quien ha recogido el desconcertante texto del teletipo y le ha añadido algún titular generalista por aquí y algún comunicado de prensa por allá. El verano en que cumplí diecisiete años trabajé para un periódico donde los esfuerzos diarios se dirigían principalmente a recortar y reescribir los artículos del periódico de la competencia («Comprueba si parece que nos la están intentando colar», me aconsejaron en mi primer día). Y me da la impresión de que esta sigue siendo una actividad muy en boga a nivel local: «El comité de supervisores del condado elogia a las inmobiliarias por sus planes de derribar el gueto y construir un hotel de la cadena Howard Johnson's». «Un grupo de caritativas debutantes inspecciona una recientemente adquirida máquina para tratar el cáncer terminal.» Columnas de consejos a los lectores, como «Querida Abby» y «El espejo de tu mente». Se te descuelga la mandíbula, la realidad se aleja. «"Seminario" suena a que el chico necesita un diccionario», lees en la página 35. «PADUCAH, KENTUCKY (AP). Cuando Kay Fowler les pidió a los alumnos de su clase de catequesis que explicaran lo que era un seminario, un chavalín soltó: «Es donde entierran a la gente».» Cuéntame eso en la página 35 y dudo mucho que me vaya a creer lo que me dices en la página 1.

Chimpancés en los niveles bajos y lenguaje en clave en los altos. En nuestras convenciones de prensa se comenta que se nos considera «bien informados» hasta el punto de conocer «la realidad de los hechos», la historia que no sale en el periódico. Hemos llegado a esperar que los periódicos reflejen la ética oficial, que cumplan con su «responsabilidad». Los periodistas más admirados ya no son adversarios sino gente de fiar, partícipes; el ideal es que aconsejen a presidentes, que cenen con Walter Reuther y Henry Ford y bailen con las hijas de estos últimos en Le Club. Y que después, agobiados por las responsabilidades, manden sus reportajes en clave. Alicia no está cargada de responsabilidades. Alicia nunca va a Le Club. Seguramente Alicia no sabe nada de nada de lo que pasa fuera de Ann Arbor. Pero me cuenta todo lo que sabe de allí.

1968

ALCANZAR LA SERENIDAD

—Hablo solo por mí —dijo la joven—, pero en los siete meses que llevo en el programa me ha ido muy bien. Yo jugaba exclusivamente en Gardena, al póquer de mano baja. Jugaba por la noche, después de acostar a los niños, y claro, nunca llegaba a casa antes de las cinco de la mañana, y mi *problema* era que entonces no podía dormir. Me ponía a repasar mentalmente cada jugada, así que al día siguiente estaba, ya sabéis, cansada. Irritable. Con los niños.

Su tono para hablar en público era el de alguien que se ha inspirado en los anuncios de analgésicos, pero no estaba exactamente vendiendo un producto. Estaba haciendo una «confesión» en una reunión de Jugadores Anónimos a la que asistí hace poco: las nueve de una noche de invierno en el club social de un vecindario de bungalós de Gardena, California. Gardena es la capital del póquer tapado del condado de Los Ángeles (nada de póquer descubierto, nada de alcohol, clubes cerrados entre las cinco y las nueve de la mañana y todo el día de Navidad; esto no es Nevada sino California, donde solo hay póquer tapado y solo como decisión de los legisladores locales), y la seductora proximidad de los clubes de póquer flotaba sobre aquella reunión como una sustancia parafísica, casi tan palpable como los retratos de Washington y Lincoln, la bandera americana, las hortensias de plástico y la mesa que había desplegado el Comité de

Refrigerios. La acción estaba allí esperando, justo a la vuelta de la esquina, y en nuestra sala recalentada por la calefacción, moviéndose nerviosamente en las sillas plegables y parpadeando cuando se les metía el humo de cigarrillo en los ojos, había cuarenta personas que la ansiaban.

–Esta ciudad de Gardena –susurró por lo bajo un hombre joven– me ha destruido.

El joven en cuestión, que contó que había sido bastante buen estudiante de dibujo mecánico en el Instituto Van Nuys, tenía veintidós años y llevaba el pelo repeinado con un tupé estilo 1951, lo cual quizá sugería hasta qué punto aquel chico, igual que el resto de la gente de la sala, vivía en un planeta distinto.

–No perdí ninguna fortuna –contaba–, pero sí perdí todo el dinero que podía conseguir; empecé cuando estaba en los marines, conocí a muchos pardillos en Vietnam, estaba ganando dinero fácil, y se puede decir que fue esa época de mi vida la que... hum... me llevó a la perdición.

La nube de humo se hizo más densa y los testimonios más intensos. Yo no había oído tantas revelaciones de ese tipo desde que solía entablar conversaciones en los autobuses Greyhound movida por la errónea convicción de que era una buena manera de aprender sobre la vida. «Justamente acababa de desfalcar una gran suma de dinero de mi jefe», se contaban entre ellos, y «Estaba yendo a una reunión en Canoga Park cuando giré por la autopista, eso fue el miércoles pasado. Terminé en Gardena y ahora estoy otra vez al borde del divorcio». *Mea culpa*, parecían estar lamentándose, y muchos de ellos se habían lamentado también la noche anterior, y la anterior: todas las noches hay una reunión de Jugadores Anónimos en las inmediaciones de Los Ángeles, en sitios como Long Beach, Canoga Park, Downey o Culver City, y lo ideal es asistir a cinco o seis por semana.

—Nunca había venido a esta reunión de Gardena —explicaba alguien—, por una sola razón muy simple: cada vez que paso junto a Gardena por la autopista me entran sudores fríos; pero esta noche estoy aquí porque cada noche en que consigo ir a una reunión es una noche en que no apuesto, y con la ayuda de Dios y de vosotros ya llevo así 1.223 noches.

Había ciertos elementos curiosos en la forma que tenían de hablarse entre sí. Como si se dedicaran a escribir horóscopos (y quizá fuera el caso de algunos), registraban con fanatismo no solo sus propias «fechas» importantes, sino también las de los demás («El 3 de diciembre del 65 fue una mala fecha para mí porque fue la noche en que extendí el primer cheque falso, por la cantidad de 343 dólares, pero fue una día importante para Frank L., porque un año después por esa misma fecha cumplió ocho meses seguidos en el mismo trabajo, aunque después lo perdiera, lo cual demuestra que algunos continuamos bregando con las mismas fechas mientras que otros estamos recayendo, y ese es el milagro de Jugadores Anónimos»); en general hablaban como si emergieran de una ciénaga subverbal e intentaran cazar frases al vuelo. «Ahora que estoy en este programa tengo la solidaridad de mi familia», decía alguien, y «lo más importante que he sacado del programa ahora mismo es mi... hum... pensamiento mental». «Como todos sabéis, toqué fondo aquella noche del 28 de noviembre en el Club Normandie —decía otro—; después de aquella noche alcancé la serenidad.» «Ese es mi ideal —añadió alguien—. Alcanzar la serenidad.»

Aquellas reuniones no tenían nada particularmente malo, y sin embargo había algo allí que fallaba, algo inquietante. Al principio pensé que sería simplemente la predilección que mostraban muchos de sus miembros por insistir en lo «impotentes» que se sentían, en lo zarandeados que se veían por fuerzas ajenas a su control. Se hablaba mucho de milagros, y de «presencias superiores» y de un «poder más grande que nosotros». El programa de Jugadores Anónimos, igual que el de Alcohólicos Anónimos, tiende a reforzar la visión más bien pasiva que el adicto tiene de su situación. (El primero de los «doce pasos» de Jugadores Anónimos consiste en admitir que la propia vida «se ha vuelto» ingobernable. Cinco pasos más adelante, y todavía siendo objeto de fuerzas externas, afirmas que ya estás listo para que «esos defectos del carácter sean eliminados».) «Mi vecino me llevó por primera vez al Hollywood Park, menudo favor me hizo», contó alguien aquella noche. «Tendrían que bombardear Gardena —me susurró un joven en tono vehemente—. Un chaval entra en uno de esos sitios y ya está enganchado para toda la vida.»

Pero, por supuesto, los *mea culpa* casi siempre resultan no ser del todo *mea*. Aun así, había café y porciones de pastel: era el «cumpleaños» de Frank L. en Jugadores Anónimos. Después de seis años en el programa, por fin había conseguido completar un año entero sin hacer ninguna apuesta, y lo estaban premiando con un pin de un año («Frank L., quiero que recuerdes una sola cosa: que el pin de un año no es más que un marcador de página, un punto de lectura en el libro de la vida») y un pastel, un pastel blanco con una inscripción en glaseado rosa: TODAVÍA EXISTEN LOS MILAGROS. «No ha sido fácil —dijo Frank L., rodeado de su mujer, sus hijos y los padres de su mujer—. Pero en las últimas tres o cuatro semanas hemos alcanzado cierta… *serenidad* en casa.» Vale, ahí estaba otra vez. Salí a toda prisa, antes de que nadie pudiera volver a decir «serenidad», que es una palabra que asocio con la muerte, y después de la fiesta me pasé varios días en los que solo quise estar en sitios con luces potentes y donde nadie contara los días.

1968

VIAJE A XANADÚ

Ha sido una imagen especial e impactante en el imaginario de California desde hace casi medio siglo: San Simeón, «La Cuesta Encantada», la baronía fantasmagórica que William Randolph Hearst se construyó en las colinas requemadas por el sol que dominan la costa del condado de San Luis Obispo. Los niños de California solían oír hablar de San Simeón cuando eran muy pequeños (lo sé porque yo era una de ellos), nos solían decir que la buscáramos con la mirada desde la autopista 1, muy a lo lejos, encaramada en la colina, con sus grandes torres y almenas de estilo morisco reverberando bajo el sol o flotando fantásticamente por encima de la niebla de la costa; San Simeón era un lugar que, una vez visto desde la autopista, ya no olvidabas nunca, un fenómeno material que existía a modo de prueba de ciertos principios abstractos. San Simeón parecía confirmar la promesa sin límites del lugar donde vivíamos. Las verjas de aquella carretera que subía la colina siempre estaban cerradas, y sin embargo había una especie de posibilismo de frontera asociado con la familia Hearst; el dinero de los Hearst era dinero del Oeste, un dinero que procedía originalmente de una veta de plata de Nevada, dinero ganado y gastado con un espíritu de fortuna, imaginación, irresponsabilidad y ostentación general muy del Oeste. Si un Hearst se podía construir un castillo, entonces cualquier hombre podía ser rey.

San Simeón era, además, exactamente el castillo que construiría un niño, si un niño tuviera 220 millones de dólares y pudiera gastarse cuarenta en un castillo: un castillo de arena, algo inverosímil, un lugar inundado de luz dorada y cálida y de neblinas teatrales, una cúpula del placer impuesta por un hombre que había insistido –movido por el único miedo oscuro que todos conocemos– en que todas las superficies fueran alegres, brillantes y divertidas. Más que ningún otro lugar construido en este país, San Simeón estaba dedicado a la idea de que todos los placeres de la eternidad se pueden encontrar aquí y ahora. En San Simeón nunca caían las hojas, nada quedaba desnudo ni moría. Las rosas, las fucsias y las buganvillas florecían todo el año, en los enormes estanques resplandecían dos millones de litros de agua, las cebras y los antílopes deambulaban por las colinas doradas. Los carillones de las campanas se oían a cincuenta kilómetros de distancia. Sobre las largas mesas de los refectorios ondeaban brillantes banderas sienesas. Los visitantes comían pato Tour d'Argent y se limpiaban las manos con servilletas de papel: otra fantasía infantil, cada comida un pícnic. El espíritu de San Simeón no se veía inhibido por las aprensivas distinciones adultas entre lo que era correcto y lo que no, entre lo que estaba bien y lo que estaba menos bien, entre lo que era «arte» y lo que no: si a William Randolph Hearst le gustaba algo, lo compraba y se lo llevaba a San Simeón. Y un niño poblaría su castillo con exactamente el mismo elenco: estaban el Rey omnipotente, la Reina despechada y la cautiva Princesa de otras tierras. Estaban los subalternos ambiciosos, trayendo mensajes de las capitales del mundo. Y, por supuesto, estaban los cortesanos, los cortesanos decorativos, que en algunos casos venían a pasar el fin de semana y se quedaban meses, porque de aquella corte no se desterraba a nadie a menos que bebiera demasiado o mencionara la muerte. En aquel cuento de hadas no podía haber sombras: San Simeón tenía que ser el reino donde no moría nadie.

Y allí estaba, suspendido en la colina, a la vista de todos los niños. Yo en realidad solo lo vi tres o cuatro veces, pero había oído historias del lugar y me acordaba de ellas, y San Simeón fue una idea imaginativa que me afectó, que dio forma a mi imaginación de esa forma en que todos los niños son moldeados por la geografía emocional y real del lugar donde crecen, por las historias que les cuentan y por las que ellos se inventan. Y debido a eso, recientemente hice un viaje a San Simeón, que ha sido monumento estatal desde 1958 (el Rey murió, claro, en 1951, y sus hijos le regalaron el castillo al estado). Me uní a una de las visitas guiadas diarias por algunas de las 147 habitaciones de la Gran Mansión y de las casas de invitados.

Era lo que me había esperado y al mismo tiempo no lo era. En la mayoría de los sentidos, en la mayoría de los sentidos físicos, San Simeón tiene ahora el aspecto que supuestamente debía de tener cuando William Randolph Hearst estaba vivo: el rancho se ha visto reducido de 112.000 hectáreas a 35.000, pero sigue siendo un rancho ganadero en funcionamiento, y 35.000 hectáreas viene a abarcar hasta donde a uno le alcanza la vista desde sus amplias terrazas embaldosadas. Ya no está el zoo privado, con sus ñus y sus osos perezosos y el elefante, pero todavía quedan unas cuantas cebras pastando en las arboledas de laureles de la colina. Los historiadores del arte que visitan el lugar se quejan de vez en cuando de que los tapices se están quedando descoloridos, las pinturas agrietándose y las estatuas de madera policromada descascarillándose; los insectos están destruyendo los techos de madera labrada; pero salvo por esas incursiones del tiempo, y salvo por la ausencia de flores cortadas, el estado mantiene las casas exactamente tal como las vio Hearst por última vez. Las rosas siguen floreciendo fuera, y el sol resplandece en las frondas de las palmeras, y las colinas amarillas que bajan hasta el mar absorben la luz de esa forma tan peculiar de la campiña de California. Nada parece haber cambiado, y sin embargo todo ha cambiado, porque en cierta manera el estado ha convertido San Simeón en lo que nunca fue: la hacienda de un hombre rico como otros muchos. Los visitantes vienen, hasta cuatro millones al año, con sus pantalones de sport y sus sombreros de paja y sus rulos en el pelo; pagan sus tres dólares y se pasean por los caminitos de alfombra protectora de nailon. Se aconsejan entre ellos cuál es el mejor ángulo para sacar una foto y especulan con cuánto costaría poner calefacción en la casa. En temporada alta, el estado contrata a ochenta y nueve funcionarios para hacer de guías y asistir al visitante; algunos viven en las habitaciones del servicio y todos nadan en la Piscina de Neptuno entre las seis y las ocho todas las tardes. Montan barbacoas en las terrazas y, fuera de su horario de trabajo, organizan grupos de debate con temas como «La brecha intergeneracional». Los guías llevan uniformes caqui y son enciclopedias vivientes: «Los jardines del señor Hearst tienen 2.144 rosales; la biblioteca privada del señor Hearst tiene 5.400 volúmenes; en un momento dado el señor Hearst fue famoso por adquirir una cuarta parte de las obras de arte del mundo, en 504 categorías artísticas». «Si hubieran sido ustedes invitados del señor Hearst...», dicen una y otra vez. Si hubieran sido ustedes invitados del señor Hearst, podrían haber tocado el piano de media cola Wurlitzer antes de la cena. Si hubieran sido ustedes invitados del señor Hearst, podrían haber visto una película después de la cena, «sentados al lado del reparto de la película en la sala de proyección». Es un acto de reverencia que se extiende a los hijos de Hearst, que de vez en cuando se alojan en San Simeón, en una casa para invitados de veinte habitaciones reservada para su uso. «Si los vieran, seguramente no los reconocerían –explica el guía–, porque irían vestidos igual que ustedes.» Escuché un rato a los guías y me costó identificar su tono. Hasta que por fin lo reconocí: era un tono que reflejaba esa idolatría hacia los ricos que muy a menudo acompaña a la democratización de las cosas, al aplanamiento. Yo había llevado a una niña conmigo, una sobrina de Connecticut que nunca había oído hablar de San Simeón, y le estaban gustando las flores y los estanques y los techos decorados, pero mientras nos marchábamos se me ocurrió que le habría resultado más emocionante si hubiera visto el lugar desde la autopista 1, con las verjas cerradas y el castillo suspendido en la lejanía. Pon un lugar al alcance de las miradas, y en ciertos sentidos ya no estará al alcance de la imaginación.

1968

CUANDO TE DESCARTA
LA UNIVERSIDAD QUE PREFERÍAS

«Querida Joan», empieza la carta, aunque quien la escribió no me conocía de nada. La carta tiene fecha del 25 de abril de 1952, y lleva mucho tiempo en un cajón de casa de mi madre, el típico cajón de un dormitorio en desuso, el cajón dedicado a las predicciones escolares sobre tu futuro profesional, a las orquídeas mariposa secas y a las fotos de prensa que muestran a ocho damas de honor y a dos niñas de arras examinando una moneda de seis peniques que se le había metido en el zapato a una de las damas. La escasa inversión emocional que yo había hecho en las orquídeas mariposa secas y en las fotos de mi boda había demostrado ser real, pero todavía me importaba la carta, que, salvo por el «Querida Joan», está mimeografiada. Recientemente saqué la carta del cajón a modo de lección objetiva para una prima de diecisiete años que no podía comer ni dormir mientras esperaba respuesta de las que insistía en llamar las universidades que prefería. Esto es lo que dice la carta:

El Comité de Admisiones me pide que te informe de que le resulta imposible adoptar una resolución favorable en relación con tu solicitud de admisión en la Universidad de Stanford. Aunque sí que cumples los requisitos mínimos, lamentamos informarte de que, debido a la dureza de la competencia, el Comité no puede incluirte en el grupo de admitidos. El Comité se suma a mí para transmitirte nuestros mejores deseos de que continúes con éxito tu educación.

Sinceramente tuyo,

RIXFORD K. SNYDER,
Director de Admisiones

Me acuerdo con bastante claridad de la tarde en que abrí la carta. Me quedé leyéndola y releyéndola, con el jersey y los libros tirados en el suelo del recibidor, intentando interpretar las palabras de alguna forma menos definitiva, las expresiones «imposible adoptar» y «resolución favorable» apareciendo y desapareciendo ante mi vista hasta que la frase misma dejó de tener sentido. Por entonces vivíamos en un oscuro caserón victoriano, y tuve una imagen nítida y dolorosa de mí misma envejeciendo en él, sin ir jamás a la universidad, la solterona de *Washington Square*. Subí a mi habitación, cerré la puerta con pestillo y me pasé un par de horas llorando. Me quedé un rato sentada en el suelo de mi ropero; sepulté la cara en un viejo batín acolchado y más tarde, después de que las verdaderas humillaciones de mi situación (todas mis amistades que habían solicitado ingresar en Stanford habían sido admitidas) se hubieran visto reducidas a una pantomima inocua, me senté en el borde de la bañera y me planteé tragarme todo el contenido de un viejo frasco de aspirinas con codeína. Me imaginé a mí misma en una cámara de oxígeno, con Rixford K. Snyder esperando fuera, nervioso, aunque la cuestión de cómo le iba a llegar la noticia a Rixford K. Snyder era un nudo de la trama que todavía me preocupaba mientras contaba las pastillas.

Por supuesto, no me tomé las pastillas. Dediqué el resto de la primavera a protagonizar una rebelión huraña pero inofensiva, sentada en autocines y escuchando a evangelistas de Tulsa por la radio del coche; en verano me enamoré de un tipo que quería ser golfista profesional y me pasaba horas viéndolo practicar golpes cortos; en otoño empecé a asistir a una escuela preparatoria y me saqué los créditos que necesitaba para ir a la Universidad de California en Berkeley. Al año siguiente, un amigo que iba a Stanford me pidió que le escribiera un trabajo de clase sobre *Nostromo* de Conrad. Se lo escribí y sacó un excelente. A mí me pusieron un notable bajo cuando presenté el mismo ejercicio en Berkeley, y el espectro de Rixford K. Snyder quedó exorcizado.

De manera que mi única experiencia con ese conflicto tan característico de la clase media –la jovencita contra el Comité de Admisiones– terminó bien. Pero aquello pasó en el benigno mundo de la California rural de 1952, y creo que todo debe de serles más difícil a los chavales que conozco hoy en día, unos chavales cuyas vidas, desde que tienen dos o tres años, son una serie de pasos azarosamente programados, cada uno de los cuales debe ser negociado con éxito a fin de evitar cartas como la mía, firmadas por alguno de los Rixford K. Snyder del mundo. Una conocida mía me contó hace poco que en el jardín de infancia de una escuela muy cara en la que confiaba en matricular a su hijo de cuatro años se habían presentado noventa solicitantes para siete plazas, y que estaba histérica porque ninguna de las cartas de recomendación del crío de cuatro años mencionaba su «interés artístico». Si me hubieran criado a mí bajo esa presión, sospecho que me habría tomado las aspirinas con codeína aquella tarde de abril de 1952. Mi rechazo había sido distinto, y mi humillación, privada: las esperanzas de mis padres no se habían basado en el hecho de que me admitieran o no en Stanford, ni en ninguna otra parte. Por supuesto, mis padres querían que yo fuera feliz; y, por supuesto, esperaban que esa felicidad implicara necesariamente logros personales, pero los términos de esos logros eran cosa mía. La idea que tenían de su valía y de la mía era independiente de a qué universidad fuera yo, o incluso de si iba a alguna. Nuestra situación social era estática, y la cuestión de qué universidades eran las «adecuadas», tradicionalmente tan trascendental para quienes quieren ascender en la escala social, ni siquiera se planteaba. Cuando le dije a mi padre que me habían rechazado en Stanford, se encogió de hombros y me ofreció una copa.

Me acuerdo de aquel encogimiento de hombros con mucho agradecimiento cada vez que oigo a algunos padres hablar de las «opciones» de sus hijos. Lo que me incomoda es la sensación de que están fusionando las opciones de sus hijos con las suyas propias, exigiéndole al hijo no solo que triunfe para sí mismo, sino también para mayor gloria de sus padres. Por supuesto, cuesta más entrar en la universidad ahora que antes. Por supuesto, hay más chavales que plazas «deseables». Pero nos estamos engañando si fingimos que las universidades deseables solo benefician al chaval. («No me importaría en absoluto que entrara en Yale si no fuera por Vietnam», me dijo hace poco un padre, sin darse cuenta de lo insincero que estaba siendo; habría sido malicioso por mi parte sugerir que también se podía conseguir una prórroga de estudios en la Long Beach State.) Entrar en la universidad se ha convertido en un asunto feo, perverso por la forma en que consume y desvía tiempo y energía y auténticos intereses, y que los chavales acepten este hecho no es su aspecto menos nocivo. Los oyes hablar de manera despreocupada y desagradable de su «primera, segunda y tercera opción», del hecho de que su solicitud «de primera opción» (a Stephens, por ejemplo) no refleja realmente su primera opción (su primera opción era Smith, pero su asesor les dijo que tenían muy pocas posibilidades, de forma que para qué «desperdiciar» la solicitud); se dedican a calcular sus expectativas de rechazo, sus «planes B» por si falla el plan principal, a elegir el deporte y las actividades extraacadémicas adecuados para «equilibrar» la solicitud, a hacer juegos malabares con las confirmaciones cuando su tercera opción los acepta antes de que responda la primera. Son expertos en poner una mentira piadosa aquí, un poco de autobombo allá, en la importancia de conseguir cartas de recomendación de «nombres conocidos» a los que sus padres apenas conocen. He oído conversaciones entre chavales de dieciséis años que, en capacidad de manipulación autopromocional, solo eran superados por los solicitantes de cuantiosas becas literarias.

Y, por supuesto, nada de todo esto importa demasiado, ninguno de todos estos tempranos éxitos y fracasos en la vida. Me pregunto si no deberíamos haber encontrado alguna forma de hacerles saber esto a nuestros hijos, alguna forma de separar nuestras expectativas de las suyas, alguna forma de dejarles asimilar sus propios rechazos y sus rebeliones hurañas y sus interludios con golfistas profesionales, sin la asistencia de unos apuntadores nerviosos entre bastidores. A los diecisiete años, ya es bastante difícil averiguar cuál es tu papel en la vida para que encima te den un guion ajeno.

1968

LA GUAPA NANCY

La guapa Nancy Reagan, la esposa del gobernador de California, estaba de pie en el comedor de su casa de alquiler de la calle Cuarenta y cinco de Sacramento, escuchando a un reportero de televisión que le estaba explicando su plan. Lo escuchaba con atención. Nancy Reagan siempre escucha con mucha atención. El equipo de rodaje de la televisión quería observarla, decía el reportero, mientras ella hacía exactamente lo que haría de forma habitual en su casa un martes por la mañana. Como yo también estaba allí para verla hacer exactamente lo que estaría haciendo de forma habitual en su casa un martes por la mañana, parecía que estábamos a punto de explorar ciertas fronteras mediáticas: el reportero de la televisión y los dos cámaras podían observar a Nancy Reagan siendo observada por mí, o yo podía observar a Nancy Reagan siendo observada por los otros tres, o bien uno de los cámaras podía dar un paso atrás y hacer un estudio estilo *cinéma vérité* de los demás observando y siendo observados los unos por los otros. Tenía la nítida sensación de que estábamos encaminados a obtener alguna revelación, la verdad sobre Nancy Reagan a veinticuatro fotogramas por segundo, pero el reportero de televisión optó por pasar por alto la peculiar esencia del momento. Sugirió que podíamos observar a Nancy Reagan recogiendo algunas flores en el jardín. «Eso es algo que haría usted de forma habitual, ¿no?», preguntó el hombre. «Ya lo creo», dijo Nancy Reagan con vivacidad. Nancy Reagan lo dice casi todo con vivacidad, quizá porque fue actriz durante un par de años y tiene ese hábito típico de las actrices primerizas de infundir a las frases más intrascendentes mucho más énfasis dramático del que haría falta de forma habitual en la calle Cuarenta y cinco de Sacramento un martes por la mañana.

—La verdad —añadió entonces, con aire de estar a punto de revelar una agradable sorpresa—, la verdad es que *necesito* flores.

Nos sonrió a todos, uno por uno, y yo le devolví la sonrisa. Todos habíamos estado sonriendo bastante aquella mañana.

—Y entonces —dijo el reportero de televisión en tono pensativo, examinando la mesa del comedor—, aunque ya tiene usted aquí un arreglo floral precioso, podríamos hacer ver que está usted, ya sabe, colocando las flores.

Todos volvimos a sonreírnos entre nosotros, y luego Nancy Reagan salió con aire resuelto al jardín, equipada con una cesta de mimbre decorativa de unos quince centímetros de diámetro.

—Eh, señora Reagan —la llamó el reportero—. ¿Le puedo preguntar qué flores va a escoger?

—Pues no lo sé —dijo ella, deteniéndose con su cesta en un escalón del jardín. La escena estaba desarrollando su propia coreografía.

—¿Cree que podría usar rododendros?

Nancy Reagan miró con expresión crítica la mata de rododendros. Luego se giró hacia el reportero y sonrió.

—¿Sabía usted que ahora existe una rosa que se llama rosa Nancy Reagan?

—Hum… no —dijo él—. No lo sabía.

—Es preciosa de verdad, tiene una especie de… eh… un color como de coral.

—Y esa rosa Nancy Reagan… ¿sería posible que usted pudiera cortarla ahora?

Una risilla cristalina.

—Podría cortarla, claro. Pero no la voy a *usar*. —Pausa—. Pero puedo usar el rododendro.

—Vale —dijo el reportero—. Ahora le haré una pregunta, y si usted pudiera estar arrancando un tallo mientras la contesta…

—Arrancando un tallo —repitió Nancy Reagan, ocupando su lugar frente a la mata de rododendros.

—Hagamos un ensayo —dijo uno de los cámaras.

El reportero lo miró.

—En otras palabras, cuando dices un ensayo quieres decir que finja que arranca el tallo.

—Que finja que lo arranca, sí —dijo el cámara—. Que finja que lo arranca.

Les cuento todo esto porque siempre que pienso ahora en Nancy Reagan pienso en ella exactamente así, en forma de fotograma congelado, la guapa Nancy Reagan a punto de arrancar una flor de rododendro que no le cabía en la cesta decorativa de quince centímetros. Nancy Reagan tenía una sonrisa que mostraba interés, la sonrisa de una buena esposa, una buena madre, una buena anfitriona, la sonrisa de alguien que creció en una familia acomodada y fue al Smith College y tiene un padre que es un distinguido neurocirujano (la entrada de su padre en el *Quién es quién* de 1966-1967 es nueva líneas más larga que la de su marido) y un marido que es la definición misma del Tío Majo, por no mencionar el hecho de que es gobernador de California; la sonrisa de una mujer que parece estar viviendo una especie de fantasía de mujer americana de clase media, alrededor de 1948. El decorado de esa fantasía está perfectamente amueblado, no falta ni un detalle. En la casa de alquiler de la calle Cuarenta y cinco, los librillos de cerillas blancos ponen MANSIÓN EJECUTIVA, pero no cuesta imaginar que dicen NANCY Y RONNIE, y sobre la mesita de café de la sala de estar descansan las revistas perfectas para la vida que está siendo retratada: *Town & Country*, *Vogue*, *Time*, *Life*, *Newsweek*, *Sports Illustrated*, *Fortune*, *ARTnews*. Hay dos perros, llamados Lady y Fuzzy, y dos niños, llamados Pattie y Ronnie. Pattie, de quince años, es descrita como una joven con intereses artísticos y va a un internado de Arizona. De Ronnie, de diez, nos dicen que es un muchacho normal y que va a una escuela privada de Sacramento. También lo llaman «el Capitán». En el decorado todo el mundo sonríe: el jefe de agenda, el escolta, el cocinero, los jardineros. Y fuera, en el jardín, Nancy Reagan sonríe, a punto de arrancar la flor de rododendro.

–Oh, no, no, *no* –le está diciendo al reportero de televisión, que parece haberle hecho una pregunta–. No ha habido cambio alguno por lo que respecta a nuestras amistades. –Examina su cesta–. Si hubiera habido algún cambio, no serían nuestras amistades. Los amigos son... los amigos.

Es el mismo día pero más tarde. Nancy Reagan ha arrancado y colocado varias veces las flores de rododendro y el equipo de televisión se ha marchado. Nancy Reagan me ha enseñado la sala de juegos, donde al gobernador y al Capitán y a algunos legisladores estatales les gusta jugar con trenes eléctricos. Me ha enseñado los dibujos originales de unas tiras cómicas de *Charlie Brown* que Charles Schulz le regaló al gobernador después de que este declarara «El Día de la Felicidad es tener a Charles Schulz viviendo en California». Me ha enseñado una fotografía del gobernador saltando a caballo. («Es su yegua Nancy D. –dijo en tono nostálgico–, que murió el día que llegamos a Sacramento.») Me ha contado que el gobernador nunca ha llevado maquillaje, ni siquiera en sus películas, y que la política es más dura que el cine porque no tienes al estudio para protegerte. Hemos ido al centro de la ciudad y me ha enseñado cómo cambió las viejas paredes de cuero acolchado del Capitolio Estatal («oscuras, horrorosas, desgastadas») por arpillera beige y suelos enmoquetados en un tono verde muy agradable.

—Es importante para un hombre tener un lugar de trabajo que sea bonito —me ha explicado.

Me ha enseñado el frasco de boticario lleno de caramelos que mantiene siempre lleno en la mesa del gobernador. Me ha enseñado cómo saluda a las girl scouts cuando se las cruza por los pasillos del edificio.

Me ha enseñado todas esas cosas y ya estamos de vuelta en la sala de estar de la vivienda de alquiler de la calle Cuarenta y cinco, esperando a que el Capitán llegue a casa de la escuela. Me han contado que la llegada del Capitán es el momento crucial del día de Nancy Reagan.

Al Capitán se le espera a las 3.20. Va a una escuela privada y vuelve a casa en coche compartido. Hoy es Ronald Azavedo, agente estatal de la patrulla de carreteras asignado a los Reagan, quien conduce el coche compartido. Esperamos un rato más, pero no oímos aproximarse el coche. Nancy Reagan se acerca a la escalera y escucha un momento.

—Creo que ha subido a escondidas por la escalera de atrás —dice—. ¿Ronnie? ¿Ronnie?

Ronnie no parece estar planeando ninguna aparición.

—Adiós —dice desde alguna parte.

—Ven aquí un momento, Ronnie.

—Hola —dice, apareciendo en la puerta.

—¿Cómo está Chuck del resfriado? —pregunta Nancy Reagan.

—Chuck no está resfriado.

—¿Chuck no está resfriado?

–No. Bruce lleva ortodoncia.

–Bruce lleva ortodoncia –repite Nancy Reagan.

–Adiós –dice el Capitán.

–Adiós –le digo.

Nancy Reagan me dedica una sonrisa radiante y llama a Ronald Azavedo para que me lleve de vuelta al centro.

–Lo de ser una madre ausente no va conmigo –me dice–. Así de claro.

1968

PADRES, HIJOS, ÁGUILAS QUE CHILLAN

—Espero que no me tome por un hippy —dijo el hombre con el que estaba hablando en la Sala de la Corona del hotel Stardust del Strip de Las Vegas, Nevada—. Simplemente me estoy dejando barba y eso.

Su acreditación lo identificaba como Skip Skivington. Aparentaba cuarenta y pocos años y había estado en el asedio de Bastoña con la 101.ª División Aerotransportada en 1944; tenía una voz suave y pesarosa, y yo no lo había tomado por un hippy. Era la primera noche de la vigesimotercera reunión anual de la Asociación de la 101.ª Aerotransportada, un fin de semana de no hace mucho en Las Vegas. Fuera, el cielo de finales de verano estaba iluminado día y noche, y dentro hacía un frío perpetuo y todo estaba enmoquetado y no era ninguna hora perceptible del día ni de la noche, y allí, en la Sala de la Corona del Stardust, junto con muchas esposas y unos cuantos hijos, se congregaba un par de centenares de supervivientes de Normandía, Bastoña y la batalla de las Ardenas. Yo había venido de Los Ángeles para encontrarme con ellos, y supe que los había encontrado cuando entré en el bar del Stardust y vi a un par de hombres con camisas de sport y gorras cuarteleras.

—Un momento —estaba diciendo uno de ellos—. Me tengo que terminar esta cerveza.

Por la tarde habían requisado la piscina del Stardust para celebrar una fiesta de la cerveza, y ahora estaban haciendo cola para servirse el bufet de la cena (rosbif, jamón, ensalada de repollo, rodajas de remolacha, rodajas de tomate, queso en lonchas y bollos), llenándose los platos, encontrando mesas y haciendo chasquear los grillos metálicos de juguete que habían sido el código de identificación de la 101.ª en el Día D.

—General McAuliffe. ¡General! —llamaba un hombre de piel curtida y con gorra cuartelera mientras se abría paso entre las mesas con un niñito de dos o tres años tomado de la mano—. Mire al niño. Le quiero enseñar al niño.

Casi todos los demás ya habían encontrado amigos y una mesa, pero Skip Skivington seguía conmigo. Me estaba hablando de su hijo. Su hijo, me dijo, llevaba desaparecido en Vietnam desde el Día de la Madre. No supe qué decirle, pero como Skip Skivington era miembro activo de la Asociación de la 101.ª Aerotransportada, le pregunté si su hijo había pertenecido a la 101.ª. El padre me miró y apartó la vista.

—Le convencí para que no —dijo por fin.

Se metió la mano en un bolsillo de la chaqueta y sacó un recorte de prensa, conservado en plástico transparente, un artículo sobre su hijo: a qué instituto había ido, la noticia de su desaparición y la acción bélica en la que se lo había visto por última vez. Había una foto del chico, con la cara borrosa por culpa del muaré de la impresión, un chico rubio de dieciocho años sentado en una roca y sonriendo. Le devolví el recorte a Skip Skivington y antes de volver a guardárselo en el bolsillo se lo quedó mirando un momento largo, lo alisó como si tuviera una arruga imaginaria y examinó el fragmento de papel de periódico como si contuviera alguna respuesta.

La cara borrosa del chico y la cara definida del padre se me quedaron en la cabeza durante toda la noche, durante todo el fin de semana, y quizá fueron sus caras las que hicieron que aquellos días en Las Vegas me parecieran tan cargados de preguntas sin formular y de ambigüedades percibidas solo a medias. En muchos sentidos, la reunión era una ocasión feliz. Las esposas llevaban vestidos bonitos, y a todo el mundo le gustaba Las Vegas, y todos estaban de acuerdo en que era claramente el lugar indicado para la reunión («He estado en todas las reuniones y nunca he visto a tanta gente como aquí en Las Vegas. Las Vegas es claramente el lugar para hacer esto») y en que el Cabaret Lido del Stardust era… en fin, los pechos desnudos eran un detalle un poco subido de tono, pero las chicas eran encantadoras y todo estaba hecho con muy buen gusto, sobre todo la parte del patinaje sobre hielo, que era una obra de arte. Había encuentros por celebrar, y Madres de Caídos, como la señora C. J. («Mamá») Miller, a las que condecorar. Había que nombrar a un nuevo presidente de la asociación.

—Gracias, Bernie, y gracias, Águilas que Chillan —dijo el nuevo presidente—, hombres de la 101.ª, esposas nuestras, amigos nuestros, nuestras Madres de Caídos…

Había un almuerzo para esposas y una sala de relax.

—Por la tarde voy a estar pululando por el hotel, pero no pienso *pisar* la sala de relax hasta después de las dos —me dijo alguien con quien hablé.

Había documentales del Ejército, y me senté con un grupito de esposas en la sala a oscuras y aprendí sobre el futuro del Mando Armamentístico y las funciones del Departamento de Adquisiciones. Las esposas se quitaban los zapatos y consultaban papelitos.

—Sin contar un par de monedas de veinticinco centavos que gastamos en el aeropuerto —dijo una de ellas—, ayer perdimos veintisiete dólares y hoy hemos ganado doce. No está mal, está *fetén*.

Había telegramas que mandar, a la 101.ª en Vietnam («Que no callen las Águilas»), y telegramas que leer, de Hubert Humphrey («No somos una nación que ha perdido el rumbo, sino una nación que busca un rumbo mejor»). Había incluso una Sala Adolescente, con un puñado de críos sentados en sillas plegables y mirando una gramola Wurlitzer con tedio malhumorado.

Y, por supuesto, había discursos. Maxwell Taylor subió al estrado para señalar las semejanzas entre la batalla de las Ardenas y la ofensiva del Tet.

—Por culpa de las informaciones que llegaban, mucha gente aquí en casa tenía la impresión de que estábamos perdiendo en las Ardenas, igual que mucha gente ahora tiene la impresión de que...

Vino un coronel de Vietnam en avión para asegurarnos que las operaciones allí se estaban llevando a cabo con muy buen ánimo y determinación aguerrida, que «los hombres en Vietnam son exactamente como erais vosotros y como era yo hace veinte o veinticinco años». Vino el general Anthony McAuliffe, el hombre que contestó el célebre «Nuts!» («¡Mis cojones!») cuando los alemanes pidieron su rendición en Bastoña, y nos prometió que al año siguiente acompañaría al grupo en Holanda para celebrar el vigesimoquinto aniversario de la invasión europea.

—Visitaremos a nuestros amigos holandeses —dijo— y reviviremos la gran aventura que tuvimos allí.

Y, claro, de eso se trataba. Ciertamente habían vivido una gran aventura, una aventura esencial, y casi todos los presentes en la sala tenían diecinueve o veinte años cuando la habían vivido, y habían sobrevivido y habían vuelto a casa y sus mujeres habían dado a luz a hijos, y ahora esos hijos tenían diecinueve o veinte años, y quizá esta vez no fuera una aventura tan grande. Quizá fuera difícil aplicar la misma vehemencia a defender una posición en un par de aldeas vietnamitas que la que habían aplicado a liberar Europa. La noche de los discursos me senté con un hombre llamado Walter Davis y con su esposa, una mujer de rostro suave con un vestido negro de buena calidad. Walter Davis se tiró en paracaídas sobre Holanda en 1944 y ahora trabaja para la aseguradora Metropolitan Life en Lawndale, California, y tiene tres hijos: una hija de dieciocho, un hijo de catorce y una hija de tres. Había una chica holandesa en la mesa, y la señora Davis le pidió que le escribiera un mensaje en holandés para su hijo.

—Eddie está en esa edad en que le interesa todo lo que hacía su padre cuando era joven, todo lo que tenga que ver con la guerra y con Holanda —dijo la señora Davis.

Hablamos un rato y mencioné, porque no me quitaba aquellas caras de la cabeza, que había conocido a alguien que tenía un hijo desaparecido en Vietnam. Walter Davis estuvo un momento sin decir nada.

—Por entonces nunca pensé que podía morir —dijo de golpe, por fin—. Ahora lo veo todo un poco distinto. Entonces no lo veía desde el punto de vista de los padres. Tenía dieciocho o diecinueve años. Quería ir, no soportaba la idea de no ir. Pude ver París y Berlín, pude ver sitios de los que había oído hablar pero que jamás había soñado que vería. Ahora tengo un chaval que, bueno, quizá dentro de cuatro años tendrá que irse.

Walter Davis partió un bollo, lo untó de mantequilla con cuidado y lo volvió a dejar en el plato sin tocarlo.

—Ahora lo veo todo un poco distinto —dijo.

1968

POR QUÉ ESCRIBO

Por supuesto que he robado el título de esta charla, se lo he robado a George Orwell. En parte se lo he robado porque me encanta el sonido de las palabras: *Why I write*. Tres palabras cortas y sin ambigüedades que comparten un sonido, y el sonido que comparten es este:

I, I, I («yo, yo, yo»)

En muchos sentidos, escribir es el acto de decir yo, de imponerse a otra gente, de decir «Escúchame, ve las cosas como yo, cambia de opinión». Es un acto agresivo, incluso hostil. Su agresividad se puede disfrazar tanto como uno quiera, usando velos de cláusulas subordinadas y calificativos y subjuntivos indefinidos, con elipsis y evasiones; usando todo el espectro de insinuaciones en vez de afirmaciones, usando alusiones en vez de declaraciones; pero no se puede ocultar el hecho de que poner palabras sobre el papel es una táctica de matón subrepticio, una invasión, una imposición de la sensibilidad del escritor en el espacio más privado del lector.

No solo he robado el título porque las palabras sonaran bien, sino también porque parecían resumir, sin irse por las ramas, todo lo que tengo que contarles. Igual que muchos otros escritores, solo tengo un «tema», un único «terreno»:

el acto de escribir. No puedo traerles a ustedes partes de guerra de ningún otro frente. Puede que tenga otros intereses: me «interesa», por ejemplo, la biología marina, pero no me hago la ilusión de que vendrían ustedes para oírme hablar del tema. No soy una académica. No soy una intelectual en absoluto, lo cual no quiere decir que saque la pistola cuando oigo la palabra «intelectual», sino solo que no pienso en términos abstractos. Durante mis años de estudiante en Berkeley, intenté, con una especie de desesperada energía tardoadolescente, adquirir un visado temporal para entrar en el mundo de las ideas, forjarme una mente capaz de lidiar con lo abstracto.

En pocas palabras, intenté pensar. No lo conseguí. Mi atención viraba inexorablemente de vuelta a lo específico, a lo tangible, a lo que la gente en general, todos aquellos a quienes yo conocía entonces y a quien he conocido después, consideraba periférico. Intentaba contemplar la dialéctica hegeliana y me sorprendía a mí misma absorta en un peral en flor que había al otro lado de mi ventana y en la forma concreta en que caían los pétalos en mi suelo. Intentaba leer teoría lingüística y me encontraba a mí misma preguntándome si estarían encendidas las luces del Bevatron en la cima de la colina. Cuando digo que me preguntaba si estarían encendidas las luces del Bevatron, podrían ustedes sospechar de inmediato, si se dedican a las ideas, que yo percibía el Bevatron como un símbolo político, que estaba pensando en clave abstracta sobre el complejo militar-industrial y su papel en la comunidad universitaria, pero se estarían equivocando. Solo me estaba preguntando si estarían encendidas las luces del Bevatron y qué aspecto tendrían. Un simple hecho físico.

Me costó licenciarme en Berkeley, no por culpa de esa incapacidad para tratar con las ideas —mi licenciatura era en literatura inglesa, y era capaz de ubicar la imaginería doméstica y pastoral de *Retrato de una dama* tan bien como cualquiera, dado que la «imaginería» era por definición la clase de elemento específico que captaba mi atención–, sino simplemente porque no había hecho un curso sobre Milton que tenía que hacer. Por razones que ahora resultan barrocas, necesitaba un título a finales de aquel verano, y el departamento de literatura inglesa por fin aceptó certificar que yo dominaba a Milton siempre y cuando viniera desde Sacramento todos los viernes y hablara de la cosmología de *El paraíso perdido*. Y así lo hice. Algunos viernes tomaba el autobús de la Greyhound, pero otros viernes tomaba el City of San Francisco de la Southern Pacific en el último trecho de su travesía por el continente. Ya no me acuerdo de si Milton puso el sol o la tierra en el centro de su universo en *El paraíso perdido*, una cuestión que fue central durante por lo menos un siglo y un tema sobre el que aquel verano escribí diez mil palabras, pero todavía me acuerdo del grado exacto de ranciedad de la mantequilla del vagón comedor del City of San Francisco, y de cómo las ventanas tintadas del autobús de la Greyhound proyectaban una luz grisácea y extrañamente siniestra sobre las refinerías de petróleo de las inmediaciones del estrecho de Carquinez. En pocas palabras, mi atención siempre estaba en la periferia, en lo que podía ver y palpar y probar, en la mantequilla y en el autobús de la Greyhound. Durante aquellos años viajé con un pasaporte que yo sabía que era muy cuestionable, con documentos falsificados: sabía que no era residente legítima en ningún mundo de las ideas. Sabía que era incapaz de pensar. Lo único que sabía por entonces era lo que no podía hacer. Lo único que sabía por entonces era lo que yo no era, y tardaría años en descubrir lo que sí era.

Era una escritora.

Y con esto no quiero decir una «buena» escritora ni una «mala» escritora, sino simplemente una escritora, una persona que pasaba sus horas de mayor pasión y concentración disponiendo palabras sobre pedazos de papel. Si mis credenciales hubieran estado en orden, jamás me habría hecho escritora. Si hubiera recibido la bendición de poder acceder, aunque fuera de forma limitada, a mi propia mente, no habría tenido razón alguna para escribir. Escribo estrictamente para averiguar qué estoy pensando, qué estoy mirando, qué veo y qué significa. Para averiguar lo que quiero y lo que me da miedo. ¿Por qué me parecían siniestras las refinerías de petróleo del estrecho de Carquinez en aquel verano de 1956? ¿Por qué las luces del Bevatron se pasaron veinte años encendidas en mi cabeza? *¿Qué está sucediendo en esas imágenes que tengo en la mente?*

Cuando hablo de las imágenes que tengo en la mente, hablo, muy concretamente, de imágenes de bordes reverberantes. En un libro de psicología muy elemental vi una vez una ilustración de un gato dibujado por un paciente durante distintas fases de su esquizofrenia. El gato tenía un aura de reverberación. Se podía ver la estructura molecular descomponiéndose en los bordes del gato: el gato se convertía en el fondo y el fondo se convertía en el gato, todo interactuando, intercambiando iones. La gente que toma alucinógenos describe la misma percepción de los objetos. Yo no soy esquizofrénica ni tomo alucinógenos, pero algunas imágenes reverberan para mí. Si te concentras lo suficiente, verás la reverberación. Está ahí. No debes pensar demasiado en esas imágenes que reverberan. Limítate a no hacer nada y verás cómo se desarrollan. No digas nada. No hables con mucha gente y evita que tu sistema nervioso se cortocircuite e intenta localizar al gato en la reverberación, la gramática de la imagen.

Igual que he dicho «reverberación» en sentido literal, también digo «gramática» en sentido literal. La gramática es un piano que toco de oídas, porque al parecer el año en que explicaron las normas yo no fui a la escuela. Lo único que conozco de la gramática es su poder infinito. Cambiar la estructura de una frase altera el significado de esa frase de forma tan clara e inflexible como la posición de una cámara altera el significado del objeto fotografiado. Hoy en día mucha gente sabe de ángulos de cámara, pero no hay tanta que sepa de frases. La ordenación de las palabras importa, y la ordenación que buscas la puedes encontrar en la imagen de tu mente. La imagen dicta la ordenación. La imagen dicta si esta va a ser una frase con o sin cláusulas subordinadas, si la frase va a terminar en seco o va a ir muriendo poco a poco, si va a ser larga o corta, activa o pasiva. La imagen te dice cómo has de ordenar las palabras, y la ordenación de las palabras te dice, o me dice a mí, qué está pasando en la imagen. *Nota bene*:

Te lo dice ella a ti.

No se lo dices tú a ella.

Voy a explicar a qué me refiero con imágenes de la mente. Empecé *Según venga el juego* igual que he empezado todas mis novelas, sin tener noción alguna de «personajes» ni de «trama», ni siquiera de «incidente». Solo tenía dos imágenes en mente, de las que hablaré más adelante, y una intención técnica, que era escribir una novela tan elíptica y rápida que se terminara antes de que te dieras cuenta, una novela tan rápida que apenas tuviera existencia sobre la página. En cuanto a las imágenes: la primera era la imagen de un espacio en blanco. Un espacio vacío. Era claramente la imagen que dictaba la intención narrativa del libro, un libro en el que cualquier cosa que pasara pasaría fuera de la página, un libro «en blanco» al que el lector tendría que aportar sus propias pesadillas; y, sin embargo, esa imagen no me contaba ninguna «historia», no me sugería situación alguna. La segunda imagen sí. La segunda imagen describía algo que yo había presenciado en la vida real. Una joven de pelo largo con un vestido corto de tirantes blanco camina por el casino del Riviera en Las Vegas a la una de la madrugada. Cruza el casino sola y descuelga un teléfono de la sala. La estoy mirando porque he oído que la llamaban por megafonía y he reconocido su nombre: es una actriz de segunda a la que veo de vez en cuando en Los Ángeles, en sitios como la boutique Jax y en una ocasión en la consulta de un ginecólogo de la Beverly Hills Clinic, pero a quien no conozco personalmente. ¿Quién la está llamando? ¿Por qué está ahí cuando la llaman? ¿Cómo ha llegado exactamente a esta situación? Fue precisamente ese momento en Las Vegas el que hizo que *Según venga el juego* me empezara a contar su historia, pero el momento aparece en la novela muy de refilón, en un capítulo que comienza diciendo:

> Maria hizo una lista de las cosas que nunca haría. Nunca: «deambularía sola por el Sands o el Caesar's pasada la medianoche». Nunca: «follaría en una fiesta, practicaría sadomaso a menos que le apeteciera, pediría las pieles prestadas a Abe Lipsey, traficaría». Nunca: «pasearía un yorkshire por Beverly Hills».

Así empieza el capítulo, y así termina también, lo cual quizá sugiera a qué me refiero cuando digo «espacio en blanco».

Me acuerdo de que tenía una serie de imágenes en mente cuando comencé la novela que acabo de terminar, *Una liturgia común*. De hecho, una de esas imágenes era la del Bevatron que ya he mencionado, aunque me costaría mucho contar una historia donde apareciera la energía nuclear. Otra era una fotografía de prensa de un 707 secuestrado ardiendo en un desierto de Oriente Próximo. Otra eran las vistas nocturnas desde una habitación donde pasé una semana con fiebre paratifoidea, una habitación de hotel de la costa colombiana. Mi marido y yo estábamos en la costa colombiana supuestamente representando a los Estados

Unidos de América en un festival de cine (recuerdo que invoqué mucho el nombre de Jack Valenti, como si su reiteración pudiera conseguir que me encontrara mejor), y era un mal sitio para tener fiebre, no solo porque mi indisposición ofendía a nuestros anfitriones, sino también porque el generador del hotel se averiaba todas las noches. Se iba la luz. Se paraba el ascensor. Mi marido asistía al evento de turno de la velada y me excusaba, y yo me quedaba sola en aquella habitación de hotel, a oscuras. Me acuerdo de que me plantaba ante la ventana intentando llamar a Bogotá (el teléfono parecía funcionar siguiendo el mismo principio que el generador), mirando cómo se levantaba el viento nocturno y preguntándome qué estaba haciendo once grados por debajo del ecuador y con una fiebre de 39,5. Las vistas desde aquella ventana acabaron apareciendo en *Una liturgia común*, al igual que el 707 ardiendo, y aun así ninguna de aquellas imágenes me contó la historia que necesitaba.

La imagen que sí lo hizo, la imagen que reverberaba y que consiguió que aquellas otras imágenes se fusionaran entre sí, fue la del aeropuerto de Panamá a las seis de la mañana. Solo he estado en ese aeropuerto una vez, en un avión con rumbo a Bogotá que paró durante una hora para repostar, pero la imagen que ofrecía esa mañana permaneció sobreimpresionada sobre todo lo que veía después hasta el día en que acabé *Una liturgia común*. Viví en ese aeropuerto durante varios años. Todavía siento el aire caliente cuando bajo del avión, veo el calor elevándose de la pista ya a las seis de la mañana. Siento la falda húmeda y arrugada en mis piernas. Siento el asfalto pegándoseme a las sandalias. Me acuerdo de la cola enorme de un avión de la Pan American flotando inmóvil al final de la pista. Me acuerdo del ruido de una tragaperras en la sala de espera. Podría decirles que me acuerdo de una mujer en concreto en aquel aeropuerto, una mujer estadounidense, una *norteamericana*, una *norteamericana* flaca de unos cuarenta años que llevaba una esmeralda grande y cuadrada en lugar de alianza, pero en aquel aeropuerto no había ninguna mujer así.

A la mujer la puse en el aeropuerto más adelante. Me la inventé, igual que más tarde inventaría un país donde situar aquel aeropuerto y una familia que gobernaba ese país. La mujer del aeropuerto no está a punto de subir a un avión, ni tampoco esperando a que llegue uno. Está pidiendo un té en la cafetería del aeropuerto. De hecho, no está «pidiendo» un té sin más, sino insistiendo en que le hiervan el agua delante de ella durante veinte minutos. ¿Por qué está esa mujer en ese aeropuerto? ¿Por qué no está yendo a ninguna parte, de dónde sale? ¿Dónde ha conseguido esa esmeralda enorme? ¿Qué enajenación, o disociación, le hace creer que puede imponer su voluntad de ver hervir el agua?

Llevaba cuatro meses yendo de aeropuerto en aeropuerto, lo podías ver cuando mirabas los visados de su pasaporte. Todos aquellos aeropuertos donde le habían sellado el pasaporte a Charlotte Douglas debían de haber tenido el mismo aspecto. A veces el letrero de la torre ponía BIENVENIDOS y a veces el letrero de la torre ponía BIENVENUE, a veces estaban en lugares húmedos y calurosos y a veces estaban en lugares secos y calurosos, pero en cada uno de aquellos aeropuertos las paredes de cemento de colores pastel se oxidaban y se manchaban, y había pedazos de fuselaje saqueado de aviones Fairchild F-227 en la ciénaga que rodeaba la pista de aterrizaje, y el agua se tenía que hervir.

Victor no sabía por qué Charlotte estaba en el aeropuerto, pero yo sí.

Yo conocía los aeropuertos.

Estas líneas aparecen aproximadamente hacia la mitad de *Una liturgia común*, pero las escribí durante la segunda semana que estuve trabajando en el libro, mucho antes de saber de dónde salía Charlotte Douglas ni por qué iba a los aeropuertos. Hasta que escribí esas líneas no tenía ningún personaje en mente que se llamara Victor: la necesidad de mencionar un nombre, y el nombre de Victor, se me ocurrieron mientras escribía la frase. «Yo sabía por qué Charlotte estaba en el aeropuerto» era una frase que me sonaba incompleta. «Victor no sabía por qué Charlotte estaba en el aeropuerto, pero yo sí» tenía un poco más de ímpetu narrativo. Y lo más importante de todo: hasta que no escribí esas líneas no supe quién era el «yo», quién estaba contando la historia. Hasta aquel momento mi intención había sido que el «yo» no fuera más que la voz autoral, un narrador omnisciente del siglo XIX. Pero allí estaba:

«Victor no sabía por qué Charlotte estaba en el aeropuerto, pero yo sí».

«Yo conocía los aeropuertos.»

Ese «yo» no era la voz de ninguna autora que viviera en mi casa. Ese «yo» era alguien que no solo sabía por qué Charlotte estaba en el aeropuerto, sino que también conocía a alguien llamado Victor. ¿Quién era Victor? ¿Quién era esa narradora? ¿Y por qué esa narradora estaba contándome esa historia? Déjenme que les diga una cosa acerca de por qué escriben los escritores: si yo hubiera conocido la respuesta a cualquiera de esas preguntas, no me habría hecho falta escribir una novela.

1976

CONTAR HISTORIAS

En otoño de 1954, cuando yo tenía diecinueve años y cursaba mi segundo año en Berkeley, estuve entre la docena aproximada de estudiantes a quienes aceptaron en la clase de Literatura Inglesa 106A del difunto Mark Schorer, una especie de «taller de escritura» que se reunía para debatir tres horas a la semana y requería que cada estudiante produjera, a lo largo del semestre, por lo menos cinco relatos. No se permitían oyentes. Había que hablar en voz baja. En otoño de 1954, Literatura Inglesa 106A se consideraba una especie de experiencia sacramental, una iniciación al solemne mundo de los escritores de verdad, y recuerdo todas las sesiones de aquel curso como momentos de gran nerviosismo y temor. Recuerdo a todos los demás miembros de aquel curso como mayores y más sabios de lo que yo tenía esperanza de llegar a ser nunca (todavía no me había impactado de forma visceral el hecho de que tener diecinueve años no era una propuesta a largo plazo); no solo mayores y más sabios, sino también más experimentados, más independientes, más interesantes, más poseedores de un pasado exótico: matrimonios y rupturas de matrimonios, dinero y falta de dinero, sexo y política y el Adriático visto al amanecer; no solo eran las cosas que conforman la vida adulta, sino también —algo que por entonces me causaba más zozobra— los materiales que se podían transubstanciar en cinco relatos. Me acuerdo de un trotskista que tenía entonces cuarenta y pico años. Me acuerdo de una mujer joven que vivía, con un hombre descalzo y un perro grande y blanco, en una buhardilla iluminada solo con velas. Recuerdo discusiones de clase que trataban de encuentros en persona con Paul y Jane Bowles, de incidentes en los que participaba Djuna Barnes, de años pasados en París, en Beverly Hills, en el Yucatán, en el Lower East Side de Nueva York y en Repulse Bay, y hasta de consumir morfina. Yo había pasado diecisiete de mis diecinueve años en Sacramento, y los otros dos en la residencia de la Tri-Delta de Warring Street, en Berkeley. Nunca había leído a Paul ni a Jane Bowles, no hablemos ya de conocerlos en persona, y cuando, quince años más tarde, conocí por fin a Paul Bowles en casa de una amiga en Santa Monica Canyon, me quedé tan inmediatamente muda y pasmada como cuando tenía diecinueve años y estudiaba Literatura Inglesa 106A.

Resumiendo, yo no tenía pasado, y cada mediodía de lunes, miércoles y viernes que asistía al Dwinelle Hall me quedaba más claro que tampoco tenía futuro. Rebusqué en mi armario ropa que me permitiera resultar invisible en clase y solo encontré una gabardina sucia. Me sentaba allí con la gabardina puesta y escuchaba a los demás leer sus relatos en voz alta y desesperaba de llegar a saber alguna vez lo que ellos sabían. Asistí hasta a la última sesión de aquel curso y no hablé ni una sola vez. Solo conseguí escribir tres de los cinco relatos exigidos. Recibí un notable como nota final; ahora creo que fue solo porque el señor Schorer, hombre provisto de una amabilidad y una agudeza infinitas con sus estudiantes, adivinó de forma intuitiva que mis resultados deficientes fueron consecuencia de la parálisis adolescente, del ansia por ser buena escritora y del terror a no llegar a serlo nunca, del terror a que cualquier frase que pusiera sobre el papel desvelara que *no daba la talla*. No escribí más relatos durante exactamente diez años.

Cuando digo que me pasé exactamente diez años sin escribir más relatos no quiero decir que no escribiera nada de nada. De hecho, escribía todo el tiempo. En cuanto me marché de Berkeley, empecé a ganarme la vida escribiendo. Fui a Nueva York y escribí textos de marketing para *Vogue* y textos promocionales para *Vogue* (la distinción entre ambas categorías era clara pero recóndita, y tratar de explicarla sería como dar la definición según la federación sindical de dos trabajos aparentemente similares en la cadena de montaje de la planta de la Ford de Pico Rivera, California), y después ya pasé a escribir artículos para *Vogue*. Una muestra de estos últimos: «Arriba, en la página opuesta: Por toda la casa, color, nervio, tesoros improvisados coexistiendo de forma anómala pero feliz. Aquí, un Frank Stella, una vidriera art nouveau, un Roy Lichtenstein. No se muestra: una mesa cubierta de hule muy brillante, todo un hallazgo en México a quince centavos el metro».

Es fácil quitarle importancia a esta clase de «escritura», y la menciono de forma específica porque yo no le quito ninguna importancia: fue en *Vogue* donde aprendí en cierto modo a sentirme cómoda con las palabras, una forma de contemplar las palabras ya no como espejos de mi propia incapacidad, sino como herramientas, juguetes, armas que utilizar de forma estratégica en la página. En un destacado de, digamos, ocho líneas, donde las líneas no pueden superar los veintisiete caracteres, no es solo que cada palabra cuente, sino también cada letra. En *Vogue* se aprendía deprisa –o no durabas nada– a jugar con las palabras, a pasar un par de subordinadas poco manejables por la máquina de escribir y sacarlas transformadas en una frase simple compuesta exactamente de treinta y nueve caracteres. Éramos expertos en sinónimos. Éramos coleccionistas de verbos. (Me acuerdo de que «embelesar» fue uno de mis verbos favoritos durante una serie de números, y el origen de uno de mis sustantivos preferidos, «embelesos», que usaba en frases como «mesas atiborradas de tulipanes de porcelana, huevos de Fabergé y otros embelesos».) Asimilamos como gestos reflejos los trucos gramaticales que habíamos aprendido como correcciones marginales en la universidad («Eran dos mujeres y un hombre» sonaba mejor que «Eran un hombre y dos mujeres», los verbos en pasiva ralentizaban las frases, y el pronombre inglés «it» necesitaba un referente al alcance de la vista), aprendí a fiarme del Diccionario Oxford, aprendí a escribir, reescribir y volver a reescribir. «Repásalo una vez más, cielo, todavía le falta un poco.» «Ponle un verbo que pegue fuerte en la segunda línea.» «Recórtalo, límpialo, ve al grano.» Menos era más, la fluidez era el ideal, y la precisión absoluta, imprescindible para generar la gran ilusión mensual. Ir a trabajar para *Vogue* era, a finales de los cincuenta, un poco como entrenarse con las Rockettes.

Todo esto resultaba tonificante, especialmente para alguien que durante años había funcionado bajo el falso supuesto de que juntar dos frases implicaba correr el riesgo de que alguien, amplia y desfavorablemente, comparara el resultado con *La copa dorada*. Poco a poco empecé, por las noches y cuando no tenía entregas urgentes y en vez de almorzar, a jugar con las palabras ya no para *Vogue*, sino para mí misma. Empecé a tomar notas. Empecé a apuntar todo lo que veía y oía y recordaba e imaginaba. Empecé a escribir, o eso pensaba yo, otro relato. Tenía en mente un relato sobre una mujer y un hombre en Nueva York:

Ella ya no podía concentrarse en lo que él le estaba diciendo, porque acababa de acordarse de algo sucedido en California, el invierno en que tenía quince años. No había razón para que lo recordara esa tarde, pero el recuerdo poseía esa claridad urgente y resplandeciente peculiar de las cosas que habían pasado hacía mucho tiempo en otra parte del mundo. Aquel mes de diciembre habían tenido una semana de fuertes lluvias, y los ríos del valle estaban al borde de la inundación. Ella había vuelto por las vacaciones de Navidad, y todas las mañanas se levantaba para encontrarse la casa más fría y húmeda que el día anterior. Su madre y ella desayunaban juntas, contemplando la lluvia por la ventana de la cocina y viendo arremolinarse el agua en el sumidero que separaba su propiedad de la del doctor Wood. «Toda la fruta echada a perder —decía su madre en tono desapasionado todas las mañanas a la hora del desayuno—. Toda la fruta al carajo.» Luego se servía otra taza de café y comentaba con aire resignado algo que le resultaba obvio, por mucho que no lo fuera para los ingenieros del ejército: que los diques no aguantarían mucho más. Cada quince minutos las dos escuchaban ominosos boletines por la radio que les decían cuándo y dónde se esperaban las crecidas de los ríos. Una mañana el Sacramento tuvo una crecida de nueve metros y medio, y cuando se anunció que al día siguiente subiría hasta los once y medio, los ingenieros empezaron a evacuar los ranchos de río arriba. En algún momento de la mañana siguiente, un dique cedió a unos sesenta kilómetros río arriba de Sacramento, y los periódicos de la víspera de Navidad publicaron fotografías aéreas del dique desplomándose bajo lenguas de agua fangosa, y de familias acurrucadas en albornoz en los tejados de sus casas. Los evacuados estuvieron llegando a la ciudad durante toda la noche, para dormir en gimnasios de escuelas y en los centros parroquiales de las iglesias.

—¿Qué vas a hacer? —le preguntó él, igual de interesado que si estuvieran viendo una obra de teatro cautivadora.

—Ir a California a trabajar en los frutales —dijo ella en tono aburrido.

Lluvia: hojas mojadas, calles negras.

Pasar con el coche junto al rancho de Horst, tallos de lúpulos colgando mustios bajo la lluvia.

Avenida Fulton, lluviosa y barata. La chimenea de casa de la señora Miles: comprar un vestido para ir a fiestas.

Ver la lluvia desde todas las ventanas.

En la mesa del comedor, plata y lino abandonados tras las fiestas. Bailes.

Bares bajo la lluvia donde la chimenea nunca funciona.

Allá donde dejo mi sombrero está mi hogar dulce hogar.

Este era el «inicio» de aquella historia que tenía en mente, una historia que creía que trataba de una mujer y de un hombre en Nueva York –lo llamo «inicio» solo para entendernos, porque no se puede decir que algo tan incipiente y provisional tenga realmente un inicio–, y esas eran algunas de las notas que tomé en un intento de plasmar sobre el papel algunas de las cosas que quería incluir en la historia. Las notas, significativamente, no tienen nada que ver con una mujer y un hombre en Nueva York. Las notas –la plata abandonada en la mesa del comedor después de las fiestas, aquellos bares bajo la lluvia donde nunca funcionaba la chimenea, aquellas cifras sobre dónde y cuándo subiría el río Sacramento– solo decían una cosa: *Recuerda.* Las notas revelan que lo que yo realmente tenía en la mente aquel año en Nueva York –lo que tenía «en la mente» como opuesto a «en mente»– era la añoranza de California, la nostalgia, una nostalgia tan obsesiva que no dejaba lugar a nada más. Para descubrir qué tenía en la mente necesitaba espacio. Necesitaba espacio para los ríos y para la lluvia y para la forma en que florecían los almendros en las inmediaciones de Sacramento, espacio para las zanjas de irrigación y para el miedo a los incendios causados por hornos, espacio para jugar con todo lo que recordaba y no entendía. Al final no escribí un relato sobre una mujer y un hombre en Nueva York, sino una novela sobre la mujer de un productor de lúpulo del río Sacramento. Fue mi primera novela y se tituló *Río revuelto*, y no la tuve en mente con claridad hasta cinco años más tarde, cuando ya la estaba terminando. Sospecho que los autores de relatos conocen sus mentes bastante mejor.

Los relatos exigen cierta conciencia de las propias intenciones, cierta reducción del enfoque. Déjenme que les ponga un ejemplo. Una mañana de 1975 estaba a bordo del avión de las 8.45 de la Pan American que iba de Los Ángeles a Honolulú. Antes de despegar en Los Ángeles hubo «dificultades mecánicas» y un retraso de media hora. Durante este tiempo de demora, las azafatas sirvieron café y zumo de naranja y dos niños jugaron al pillapilla por los pasillos y, en algún sitio por detrás de mí, un hombre se puso a gritar a una mujer que parecía ser su esposa. Digo que parecía ser su esposa solo porque el tono de su invectiva sugería que tenía práctica en ello, aunque las únicas palabras que oí con claridad fueron: «Me vas a empujar al asesinato». Al cabo de un momento oí que se abría la portezuela del avión unas cuantas filas por detrás de mí y que el hombre salía hecho una furia. A continuación se produjo un gran revuelo de empleados de la Pan American entrando y saliendo a toda prisa, y una confusión considerable. No sé si el hombre volvió a subir al avión antes del despegue o si la mujer siguió sola hasta Honolulú, pero no me pude quitar de la cabeza aquel episodio durante toda nuestra travesía sobre el Pacífico. Pensé en ello mientras me bebía un jerez con hielo, pensé en ello durante el almuerzo y seguía pensando en ello cuando la primera de las islas de Hawái apareció junto a la punta de nuestra ala izquierda. Pero no fue hasta que dejamos atrás Diamond Head y ya estábamos volando bajo sobre el arrecife para aterrizar en Honolulú cuando comprendí por qué me desagradaba tanto aquel incidente: me desagradaba porque tenía pinta de relato breve, uno de aquellos relatos tipo «pequeña epifanía» o «ventana al mundo», uno de aquellos relatos en los que el personaje principal presencia una crisis en la vida de una persona desconocida —una mujer llorando en un salón de té, bastante a menudo, o un accidente visto desde la ventanilla de un tren (los «salones de té» y los «trenes» siguen siendo elementos fijos de los relatos aunque no lo sean de la vida real)—, y eso le lleva a ver su propia vida bajo una luz nueva. Una vez más, mi sensación de rechazo estaba relacionada con la necesidad de espacio donde jugar con aquello que no entendía. No estaba yendo a Honolulú porque quisiera ver la vida reducida a un relato. Estaba yendo a Honolulú porque quería ver la vida expandida hasta convertirse en una novela, y sigo queriéndolo. No quería una ventana al mundo, sino el mundo mismo. Quería que todo cupiera en la escena. Quería que hubiera espacio para flores, y para peces de arrecife, y para gente que quizá estuviese empujando a otra gente al asesinato o quizá no, pero que en cualquier caso no se viera obligada, por las exigencias de la convención narrativa, a decirlo en voz alta en el vuelo de la Pan American de las 8.45 de Los Ángeles a Honolulú.

Si he de explicar qué me llevó a escribir tres relatos en 1964 y luego ninguno más —si exceptuamos los ejercicios de clase— en ningún otro año, solo puedo sugerir que acababa de publicar mi primera novela, y que sufría un miedo común entre la gente que acaba de escribir su primera novela: el miedo a no escribir nunca otra. (De hecho, se trata de un miedo también común entre quienes han escrito su segunda novela, la tercera y, por lo que sé, la cuadragésima cuarta, pero por entonces yo la consideraba una aflicción exclusivamente mía.) Me sentaba ante la máquina de escribir y creía que nunca se me volvería a presentar otra idea. Creía que me había quedado sin ideas para siempre. Creía que me iba a olvidar de «cómo se hacía». Por consiguiente, a modo de desesperado ejercicio de digitación, intenté escribir relatos.

No tenía, y sigo sin tener, talento para el relato, no sintonizo con los ritmos de la narrativa breve, no tengo capacidad para encajar el mundo en la ventana. El primero de aquellos relatos, «Coming Home», está proyectado de una forma extremadamente simple y sumamente convencional: es uno de esos relatos en los que las vidas de los personajes se supone que deben revelarse por medio de un solo diálogo, un diálogo que en apariencia es secretamente escuchado por una grabadora neutral. Esta forma exige un control absoluto –piensen en «Colinas como elefantes blancos» de Hemingway y verán la forma en su mejor versión–, mientras que «Coming Home» no ilustra control alguno. Hay una sección entera del relato que parece más que nada un estudio en forma de sinopsis de una novela. ¿Qué está haciendo esa mina de carbón de Kentucky en el relato? ¿Quién vio las pinturas impresionistas? ¿Quién está contando la historia? ¿Por qué estaba yo intentando escribir esa clase de relato si no sabía lo bastante como para seguir las reglas, para hacerlo bien y dejar que los diálogos hicieran todo el trabajo? La ansiedad que me genera «Coming Home» se aplica de igual forma a «The Welfare Island Ferry», un relato que difiere técnicamente de «Coming Home», pero que una vez más es un tipo muy familiar de relato. «The Welfare Island Ferry» es el típico relato de «revelación impactante», donde la meta es que el lector entienda, hacia el final y de forma bastante súbita, algo de lo cual los personajes no son conscientes. En el caso de mi relato hay una sola revelación que se oculta hasta el final: que uno de los personajes está demente. Mi instinto ahora

—y es un instinto fatal para el impulso narrativo— sería decir de entrada y abiertamente: «Esta chica se ha involucrado con alguien que está como una cabra», y seguir a partir de ahí.

De hecho, el tercero de los relatos, «When Did Music Come This Way? Children Dear, Was It Yesterday?», no me genera tanta ansiedad. No estoy intentando decir que me parezca una obra conseguida: como relato no funciona en absoluto. Es más bien una especie de extensa serie de notas para una novela no escrita, un ejercicio en el sentido más literal. Fue en «When Did Music» donde aprendí —o empecé a aprender— a usar la primera persona. Fue en «When Did Music» donde aprendí —o empecé a aprender— a crear tensión narrativa a partir de la simple yuxtaposición del pasado y el presente. Todo lo que aprendí con aquel relato ya debería haberlo sabido antes de escribir mi primera novela. Y si no hubiera escrito aquel relato, jamás habría escrito una segunda novela. Por tosco e imperfecto que sea, «When Did Music» me parece, con diferencia, el más interesante de los tres.

Fue también el que más me costó colocar de los tres. «Coming Home» apareció en el *Saturday Evening Post*. «The Welfare Island Ferry» apareció en *Harper's Bazaar*. «When Did Music Come This Way» se pasó muchísimo tiempo sin aparecer en ninguna parte. Lo curioso del caso es que lo escribí «por encargo» de Rust Hills, que por entonces era el editor de narrativa del *Post*. Me había llamado o me había escrito —no lo recuerdo bien— para decirme que el *Post* estaba planeando un número «temático» sobre niños, en el que todos los artículos y relatos tendrían que ver —aunque fuera de refilón— con niños. Habían pedido a una serie de escritores que enviaran relatos para aquel número. Todos recibirían una «garantía» o pago mínimo. No se aceptarían todos los relatos. Escribí el mío y lo mandé. Por entonces me representaba la William Morris Agency, y las siguientes cartas que me llegaron a California desde las oficinas de la Morris en Nueva York trazan el truculento decurso de la historia:

9 de octubre de 1964: «Como probablemente sabes, Rust ha escrito a un montón de autores pidiéndoles relatos para un número sobre niños, y la garantía para todos es una tarifa única de doscientos dólares. En cuanto al precio del relato en sí, pagarán 1.750$, que son doscientos cincuenta más de los que cobraste la última vez. Por favor, hazme saber si esto te parece bien, y si es así aceptaremos los términos de tu parte [...]».

30 de noviembre de 1964: «Me decepciona terriblemente no poder darte mejores noticias, pero Rust Hills nos ha devuelto WHEN DID MUSIC COME THIS WAY? CHILDREN DEAR, WAS IT YESTERDAY? [...] Por supuesto, te mandaremos el cheque de la garantía en cuanto lo recibamos. Como nos indicaste que querías seguir trabajando en el relato, me pregunto si quieres que te devolvamos el manuscrito llegado este punto [...]».

8 de diciembre de 1964: «[...] Espero con muchas ganas las copias revisadas de THE WELFARE ISLAND y WHEN DID MUSIC COME THIS WAY [...]».

11 de diciembre de 1964: «[...] Ya hemos enviado las versiones revisadas de los dos relatos: WELFARE ISLAND a *Bazaar* y WHEN DID MUSIC COME THIS WAY al *New Yorker* [...]».

13 de abril de 1965: «[...] Ahora el manuscrito está en *Esquire* y te informaré en cuanto tengamos alguna noticia [...]».

2 de junio de 1965: «Siento mucho que todavía no haya buenas noticias sobre WHEN DID MUSIC COME THIS WAY? CHILDREN DEAR, WAS IT YESTERDAY? Desde la última vez que te escribí, lo han rechazado *Esquire* y *Harper's Bazaar*. En *Bazaar* comentaron que les encanta cómo escribes, pero que les parece que MUSIC no es tan bueno como THE WELFARE ISLAND FERRY [...]».

2 de agosto de 1965: «Como sabes, hemos estado enviando WHEN DID MUSIC COME THIS WAY? CHILDREN DEAR, WAS IT YESTERDAY? a varias revistas, y a continuación te adjunto una lista de los sitios donde ya la han leído. *Saturday Evening Post:* "La hemos leído muchos, y la gran mayoría se han emocionado y han insistido en cuánto admiran el texto. Otros, entre ellos Bill Emerson, que es quien tiene el voto final, también lo admiran, pero les parece que no es el relato indicado para el *Post*, no tanto por su temática como por el método oblicuo de narrar". *The New Yorker:* "En su conjunto no es lo bastante eficaz". *Ladies' Home Journal:* "Demasiado negativo para nosotros". *McCall's:* "Lamento mucho rechazar este relato, no porque crea que no está conseguido, sino porque la escritura es increíblemente buena. Tiene una forma muy especial de involucrar al lector [...] pero lo tengo que rechazar a mi pesar porque no creo que la historia funcione al final". *Good Housekeeping:* "Maravillosamente escrito, muy real, y tan completamente deprimente que me voy a pasar la tarde entera bajo una nube de angustia y pesadumbre. [...] Lo siento, pero casi nunca solemos hacérselo pasar tan mal a nuestras lectoras". *Redbook:* "Demasiado crispado". *Atlantic Monthly:* "Espero que nos mandes más textos de Joan Didion, pero este no ha dado la talla, te lo devolvemos". *Cosmopolitan* (enviado dos veces debido a los cambios de personal en la redacción): "Demasiado deprimente". *Esquire:* sin comentarios. *Harper's Bazaar:* "Mientras que THE WELFARE IS-LAND FERRY es casi mi favorito de todos los relatos que hemos publicado [...], me da la sensación de que WHEN DID MUSIC COME THIS WAY? no es igual de bueno". *Vogue:* "No encaja del todo con nuestra línea editorial". *Mademoiselle:* "No podemos publicar este relato en concreto". *The Reporter:* "Por desgracia, no es lo que buscamos en *The Reporter*". Me temo que, llegados a este punto, no se nos ocurren otros mercados a los que enviar el relato más que a las revistas académicas. Me gustaría intentar enviarlo a algunas de esas revistas, a menos que tú tengas otras ideas. Házmelo saber, por favor».

7 de noviembre de 1966: «[...] Se lo mandé [...] a la *Denver Quarterly*, que han respondido que les gustaría publicarlo en su cuarto número, que está previsto que salga poco después de principios de año. Su tarifa son unos ridículos cinco dólares por página, y como el relato les ocuparía diez páginas, te pagarían cincuenta dólares. Por favor, hazme saber si quieres que sigamos adelante con esto en tu nombre. Para que conste en acta, el relato ha sido enviado a los siguientes mercados antes de la *Denver*: *Saturday Evening Post, New Yorker, Ladies' Home Journal, Cosmopolitan, McCall's, Good Housekeeping, Redbook, Atlantic Monthly, Cosmopolitan* (enviado una segunda vez), *Esquire, Harper's Bazaar, Vogue, Mademoiselle, Reporter, Harper's, Hudson Review, Kenyon Review, Virginia Quarterly, Ladies' Home Journal* (enviado una segunda vez), *Paris Review, Yale Review* y *Sewanee Review*. Te deseo lo mejor [...]».

«Te deseo lo mejor», ya lo creo. El relato apareció en el número de invierno de 1967 de la *Denver Quarterly*. En invierno de 1967 yo ya había empezado una segunda novela y jamás volvería a escribir otro relato. Y dudo que lo escriba nunca.

1978

CIERTAS MUJERES

Hace unos años tuve un trabajo, en la revista *Vogue*, que requería ir a estudios de fotógrafos y ver cómo fotografiaban a mujeres. No eran fotografías de moda, sino para las páginas de «reportajes» de *Vogue*, retratos de mujeres célebres por una razón u otra, conocidas (habitualmente) porque protagonizaban una película o aparecían en una obra de teatro, o bien (menos a menudo) porque habían creado una vacuna pionera, o (más a menudo de lo que pretendíamos) por el simple hecho de ser conocidas. «Cualquier cosa con la que te sientas cómoda —nos instruían para que dijéramos si el sujeto del reportaje se aventuraba a preguntar qué tenía que ponerse para la sesión de fotos—. Solo queremos que seas tú misma.» En otras palabras, aceptábamos sin rechistar la convención tradicional del retrato, que era que, de alguna manera, en algún lugar, durante la transacción entre artista y sujeto, se revelaría la «verdad» sobre este último; que el fotógrafo desvelaría y captaría alguna «esencia», algún secreto de personalidad o de carácter que no era evidente para el ojo desnudo.

De hecho, lo que tenía lugar en aquellas sesiones, como en todas las sesiones de retratos, era una transacción totalmente opuesta: se entendía que el éxito dependía de la medida en que el sujeto conspirara, tácitamente, para no ser «ella misma», sino la persona y la cosa que el fotógrafo quisiera ver en la lente. De aquellas largas mañanas y tardes en el estudio (daba igual que el estudio estuviera en el norte o en el sur de Manhattan, que perteneciera a Irving Penn o a Bert Stern o a Duane Michals o a algún otro de la docena de fotógrafos que por entonces hacían reportajes fotográficos para *Vogue*, siempre lo llamábamos simplemente «el estudio», un espacio de trabajo genérico, un reflejo sintáctico que nos había quedado de los años en que todos los fotógrafos contratados trabajaban en el estudio de la revista), recuerdo básicamente pequeños trucos, pequeñas improvisaciones, los esfuerzos necesarios para asegurarnos de que el fotógrafo viera lo que quería. Me acuerdo de una sesión en que la lente estaba cubierta con una gasa negra. Recuerdo otra durante la cual, después de que el fotógrafo viera en las Polaroid el «cualquier cosa» con que la mujer en cuestión había creído que se sentiría cómoda y declarara que no era lo que necesitábamos, le presté mi vestido a la mujer y trabajé durante el resto de la sesión envuelta en mi gabardina. Allí hubo, por tanto, una primera lección: que en cada una de aquellas fotografías había un «sujeto», la mujer que estaba en el estudio, y había también otro sujeto, y que los dos no se solapaban necesariamente.

Esta cuestión del sujeto es compleja. Da igual que sean pintores, fotógrafos, coreógrafos o incluso escritores, a las personas cuyo trabajo es convertir la nada en algo no les gusta mucho hablar de lo que hacen ni de cómo lo hacen. Están perfectamente dispuestos a hablar de los trucos técnicos que emplean en su actividad, de luces y filtros si son fotógrafos, de voz, tono y ritmo si son escritores, pero no del contenido. Todo intento de analizar el propio trabajo, que viene a ser lo mismo que conocer tu sujeto, se considera destructivo. La superstición se impone, el miedo a que algo frágil e inacabado se rompa, desaparezca, regrese a la nada a partir de la cual se creó. Jean Cocteau describió una vez ese trabajo como derivado de «una profunda indolencia, una somnolencia a la que nos abandonamos como si fuéramos inválidos que intentan prolongar los sueños». En sueños no analizamos la acción, si lo hacemos se esfuma. Gabriel García Márquez comentó una vez, en conversación con el *New York Times*, la «mala suerte» que le comportaría hablar de la novela que estaba escribiendo por entonces; por supuesto, quería decir que la novela desaparecería, que perdería el poder para impulsar su imaginación. En una ocasión supe que yo «tenía» una novela cuando se presentó ante mí en forma de charco de petróleo, con una superficie iridiscente; durante los varios años que tardé en terminar la novela no le mencioné el charco de petróleo a nadie, por miedo a que el poder talismánico que la imagen tenía sobre mí se desvaneciera, se aplanara, se alejara, como un sueño que cuentas a la hora del desayuno. «Si dices demasiado, se pierde una parte del misterio –le dijo una vez Robert Mapplethorpe a un entrevistador de la BBC que quería hablar de su trabajo–. Lo que quieres es captar la magia del momento. Esa es la adrenalina de hacer fotografía. No sabes por qué está pasando, pero está pasando.»

Una pregunta: si los «sujetos» de los que habla Robert Mapplethorpe son mujeres, ¿cuál es entonces su sujeto? Una respuesta: su sujeto es el mismo que era cuando sus «sujetos» eran hombres vestidos de cuero, o flores, o el *Coral Sea* sobre la línea baja del horizonte. «No sabes por qué está pasando, pero está pasando.» «De niño era católico –le contó también a la BBC–. Iba a la iglesia todos los domingos. Mi forma de organizar las cosas es muy católica. Siempre ha sido así cuando junto cosas. Muy simétrica.»

De las mujeres que Robert Mapplethorpe eligió fotografiar en el transcurso de su carrera, la mayoría eran muy conocidas, personalidades famosas por sus logros o por pertenecer al mundo de la moda. Eran modelos y actrices. Eran cantantes, bailarinas, coreógrafas; creadoras de arte y vendedoras de arte. La mayoría eran mujeres de Nueva York, con esa dureza típica de Nueva York. La mayoría eran convencionalmente «guapas», incluso «hermosas», no solo gracias a los artificios de la luz y del maquillaje sino también a la forma en que se presentaban ante la cámara: eran mujeres profesionales, que actuaban ante la cámara. Eran mujeres que sabían apañárselas en el mundo. Eran mujeres que sabían mucho, y lo que sabían, con las pruebas que tenían, no alentaba certidumbres. Algunas recibían a la cámara con los ojos cerrados, como en pleno éxtasis carnal o desmayo victoriano. Otras le hacían frente de forma tan directa que parecían sobresaltadas hasta el arrebato de locura; estas últimas parecían haber sido habitantes de un mundo donde la supervivencia dependía de la capacidad de seducir, cautivar, conspirar, engañar. «Canta para que te den la cena —nos dice algo de esas fotografías—, y conseguirás el desayuno.»

«El pájaro que canta siempre come»: no se trata de una idea «moderna», y las mujeres de las fotografías de Mapplethorpe tampoco se nos presentaban como mujeres modernas. En algunas de sus fotografías se percibían las familiares imágenes decimonónicas de dominación y sumisión, las incomodidades eróticas de las correas y el cuero y los tacones de doce centímetros, de esos zapatos que hacen que la carne de quien los lleva se arrugue en el empeine. Había vírgenes condenadas (cabezas gachas, manos entrelazadas) e insinuaciones de mortalidad, piel como mármol, caras como máscaras, un resplandor sobrenatural, ese fulgor fosforescente que a veces atribuimos a los ángeles y a la carne en descomposición.

La idealización aquí nunca fue del presente. Las fotografías de Mapplethorpe destinadas a vender bañadores no sugerían esa condición atlética que se asocia con un presente idealizado, ni tampoco la libertad de movimientos, sino las ataduras y los azotes, los sueños sexuales de la Inglaterra imperial. El conocido rostro de Grace Jones, tal como lo fotografió Mapplethorpe, no sugería el futuro andrógino que Jones había llegado a representar, sino la pasión decimonónica por lo exótico, el romance con África, con Egipto. Una fotografía de moda de Mapplethorpe, el «Thomas» negro y desnudo bailando con la espectralmente blanca «Dovanna», sugería ballet clásico, el *pas de deux* con que el traidor corteja a la traicionada, regresada de la tumba, la *prima ballerina* de la danza de las sombras.

Incluso las niñas, cuando las fotografiaba Mapplethorpe, parecían victorianas, no niñas en el sentido moderno sino seres conscientes, criaturas con pasadores y conejitos pero aun así cargadas de responsabilidades serias; pequeñas adultas que nos contemplaban con la certidumbre total de lo que sabían y lo que todavía no sabían. Resulta perverso que, de todas las mujeres a las que Robert Mapplethorpe fotografió, quizá Yoko Ono fue la única que se presentó como «moderna», completamente dueña de sí misma, una mujer que había aprendido a gestionar las exigencias del sexo y la fama para aparecer ante nosotros como una superviviente de mediana edad, con camisa sobria, mirada despejada y pelo moldeado con secador. En todo esto había algo interesante, y también deliberado, pero no deliberado por parte de los «sujetos» femeninos.

Robert Mapplethorpe siempre hizo gala de una asombrosa convergencia de impulsos bastante románticos. Estaba el romanticismo de lo aparentemente poco convencional. Estaba el romanticismo del arte por el arte. Estaba la voluntad de poner a prueba los límites exteriores de lo posible, de explorar lo «interesante» («Se me ocurrió que sería una idea interesante, tener un aro en la tetilla», le contó una vez a la BBC sobre su pieza videográfica de juventud *Robert anillándose el pezón*, el romanticismo de lo transgresor). Estaba el romanticismo del chico católico de la clase media-baja de Queens («No era lo que yo quería», dijo una vez al respecto) que llegó a la ciudad y cruzó al otro lado, reinventándose a sí mismo como el Rimbaud de los baños públicos.

El hecho de que la agonía romántica fuera resucitada como estilo de la escena cultural de la mayor ciudad burguesa del mundo moderno en el momento de su decadencia resultaba predecible en términos históricos, y sin embargo la obra de Robert Mapplethorpe se ha visto a menudo como un mero deporte estético, tan enteramente al margen de todo contexto histórico y social, y tan «nueva», como para resistirse a toda interpretación. Esta «novedad» se ha convertido, de hecho, en una idea tan fija sobre Mapplethorpe que tendemos a pasar por alto el origen de su fuerza, que desde el principio derivó menos del shock de lo nuevo que del shock de lo antiguo, de la novedad más bien perturbadora que suponía la exposición a un universo moral fijo. En su obra siempre estuvo presente la tensión, o incluso la lucha, entre la luz y la oscuridad. Siempre estuvo la exaltación de la impotencia. Siempre estuvo la seducción de la muerte, la fantasía de la crucifixión.

Y siempre estuvo, por encima de todo, la peligrosa imposición del orden sobre el caos, de la forma clásica sobre unas imágenes impensables. «Siempre ha sido así cuando junto cosas. Muy simétrica.» «No me gusta esa palabra, "provocador" –le dijo Robert Mapplethorpe a la revista *ARTnews* a finales de 1988, cuando estaba luchando contra su enfermedad y le pidieron una vez más que hablara de las famosas fotografías del cuero–. Busco lo inesperado. Busco cosas que no haya visto antes. Pero tengo problemas con la palabra "provocador" porque la verdad es que nada me provoca. Yo estaba en posición de hacer aquellas fotos. Y sentí la obligación de hacerlas.» Se trata de la voz de alguien cuyo sujeto era, en última instancia, aquella misma simetría con que organizaba las cosas.

1989

EL CORREDOR DE FONDO

En la casa que comparto con mi marido hay dos fotografías de Tony Richardson. En la más antigua de las dos, tomada alrededor de 1981, se lo ve subido en una dolly sobre la que hay montada una cámara Panaflex, en las inmediaciones de El Paso, un hombre delirantemente enfrascado –embobado, transfigurado– en el acto de hacer una película, en aquel caso una película «grande», el tipo de película en la que cada día de rodaje cuesta decenas de miles de dólares, el tipo de película en la que el metraje sin editar es llevado en avión todas las noches a los estudios y en la que todo el mundo en la sala de producción se pone un poco tenso cuando los números de toma parpadean en la pantalla, una película con un equipo grande y una lucrativa estrella, Jack Nicholson: *La frontera*. La fotografía más reciente se tomó en una localización de exterior en España a finales del otoño de 1989. Está en marcha lo que parece ser un plano maestro. Vemos al operador de cámara, la jirafa del sonido y el reflector. Vemos a los actores, James Woods y Melanie Griffith. Y en el extremo izquierdo del encuadre, vestido con vaqueros, zapatillas deportivas y parka roja, vemos al director, un hombre visiblemente peor de salud de lo que parecía cuando estaba subido a la plataforma con ruedas de El Paso pero igual de delirantemente enfrascado –embobado, transfigurado– en el acto de hacer una película, en este caso una película de veintiún minutos para la televisión, una adaptación de «Colinas como elefantes blancos» de Ernest Hemingway para la HBO.

Nunca he conocido a nadie a quien le gustara tanto hacer cosas, ni tampoco a nadie que tuviera tan poco interés por lo que ya había hecho. Lo que a Tony le encantaba era el acto en sí de hacerlo: ya se tratara de una gran producción cinematográfica o de una obra de teatro o de una película de veintiún minutos para la televisión, la naturaleza concreta o el éxito potencial o el público potencial de cada encargo le resultaban irrelevantes, no le interesaban, no eran lo importante ni mucho menos. La pureza de su entusiasmo por hacer, digamos, un montaje de *Como gustéis* que se representara durante unas cuantas noches en un teatro de un centro cívico de Long Beach, o un montaje de *Antonio y Cleopatra* con actores de televisión en un teatro del centro de Los Ángeles, era total: la idea de que esos proyectos pudieran tener un potencial intrínseco menor que las producciones de las mismas obras que había hecho en Londres con Vanessa Redgrave le resultaba completamente ajena. «Algo absolutamente mágico pasa al final», recuerdo que nos prometió refiriéndose al *Antonio y Cleopatra* del centro de Los Ángeles. No se estaba refiriendo a su trabajo, sino al hecho de *trabajar*, al hecho de que todo el mundo juntaba su energía creativa en un proscenio mayor. «Todo es magia, un sueño», recuerdo que anunció cuando nos llamó desde España para pedir un pequeño retoque (en el guion, que habíamos escrito mi marido y yo, los actores principales tenían que vadear un arroyo, pero el agua del arroyo disponible estaba demasiado fría) en «Colinas como elefantes blancos». Una vez más, no estaba hablando de su trabajo, sino del hecho de trabajar, de ese estado suspendido de la existencia en que el arroyo frío y el olivar y el hombre que no estaba demasiado bien de salud se podían componer y recomponer, controlar, recordar exactamente así.

La «magia» era lo que Tony quería siempre, tanto en la vida como en el trabajo, y como la mayoría de la gente a la que le encanta lo que hace, no establecía distinción alguna entre ambas cosas. «Quiero que sea mágico», decía, daba igual que estuviera planificando una película o una representación teatral improvisada en su casa o un pícnic a la luz de la luna en la playa: quería magia y la creaba, y en aras de crearla hipotecaba su casa, ponía en riesgo su bono de finalización o empezaba a rodar el día antes de una huelga de actores. Cuando no estaba haciendo una película o una obra de teatro creaba la misma magia en casa: un almuerzo o una cena o un verano eran para él metraje sin editar, algo que filmar y ver cómo se positivaba. Su casa era un decorado lleno de flores y pájaros y luz del sol y niños, de amores de antaño y amores actuales, de todas las posibilidades de confrontación concebibles; el bosque de Arden, la isla de Próspero, una fantasía de director. «Venid a Francia conmigo en julio», recuerdo que nos dijo una noche mientras cenábamos, y cuando mi marido y yo le dijimos que no podíamos, se giró hacia nuestra hija, que por entonces tenía catorce años, y anunció que en ese caso tendría que ir ella sola. Y fue. Al parecer había docenas de personas implicadas en la fantasía de Tony aquel mes de julio, y cuando fuimos a recoger a Quintana nos la encontramos nadando en topless en Saint Tropez, bailando toda la noche, hablando francés y siendo cortejada por dos italianos erróneamente convencidos de que estaba disfrutando de unas vacaciones de la UCLA. «Ha sido absolutamente mágico», dijo Tony.

También en aras de crear aquella magia, y esto era sabido por todos, Tony podía ser dogmático, llevar la contraria y mostrarse implacablemente dispuesto a subirse a cualquier rama que pudiera atraer rayos. Muy a menudo, por ejemplo, yo lo oía hablar con énfasis y entusiasmo de las virtudes de «colorear» películas en blanco y negro, siempre delante de alguien que acababa de firmar un manifiesto o escribir un artículo de opinión u obtener un mandato judicial en contra del coloreado. «Si hubiera existido el color entonces, la habrían rodado en color», decía, enfatizando por igual todas las sílabas, con esa enunciación declarativa que le daba lo que una vez John Osborne describió como «la voz más imitada en su profesión». «Eso son chorradas pretenciosas. El color es mejor.» En dos ocasiones lo oí proclamar una defensa apasionada del tenista John McEnroe, que había llevado a cabo, según Tony, «la gesta más gloriosa» al tirar su raqueta en un partido de Wimbledon; esa defensa derivaba en parte, por supuesto, de sus principios fundamentalmente anarquistas, de su desprecio esencial hacia el sistema de clases inglés y sus correspondientes rituales deportivos.

Y, sin embargo, derivaba en igual medida del mero deseo de provocar a quien lo escuchaba, de estructurar la velada, de hacer que la escena funcionara. Tony se alimentaba de aquellos mismos momentos que la mayoría intentábamos evitar. El consenso social le resultaba impensable, asfixiante, era todo lo que había dejado atrás. Levantar la voz era la prerrogativa del teatro, de la libertad. Recuerdo que nos llamó la mañana después de una cena en Beverly Hills que había acabado en desastre cuando mi marido y un viejo amigo, Brian Moore, se pusieron a discutir a gritos. Habíamos sido ocho a la mesa (seis, después de que mi marido se largara y yo con él), incluyendo a Tony, cuyo placer ante el desenlace de la cena había parecido absoluto: la pelea había sido la «magia» inesperada de la velada, la cena tranquila entre amigos se había transmutado en peligro, en posibilidades dramáticas hechas realidad.

Pienso en las primeras ovejas que recuerdo haber visto en mi vida, cientos de ellas, y en que nuestro coche se adentró de golpe en el rebaño en el plató de exteriores situado detrás de los antiguos estudios Laemmle. A aquellas ovejas no les gustaba estar en una película, pero los hombres que iban con nosotros en el coche no paraban de decir:

—¿Es lo que querías, Dick?

—Está bien, ¿verdad?

Y el hombre llamado Dick no paraba de ponerse de pie en el coche como si fuera Cortez o Balboa y de asomarse por encima de aquella ondulación gris y lanuda.

F. Scott Fitzgerald,
El último magnate

Tony murió, de una infección neurológica causada por el sida, en el hospital Saint Vincent's de Los Ángeles, el 14 de noviembre de 1991. Había empezado a escribir un libro unos años antes, durante uno de los muchos periodos en que estaba esperando a que le llegara algún guion o elemento o paquete de financiación para poder volver a ponerse de pie en el coche como si fuera Cortez o Balboa y asomarse por encima de lo que fuera que quería hacer. La mayoría de la gente que hace películas aprende a soportar esos periodos de ociosidad forzosa, unos mejor que otros, y como Tony era de los otros, durante aquellos periodos tendía a multiplicar el número de pelotitas malabares que tenía en el aire: encargar un nuevo guion, reunirse una última vez con el hombre del banco, emprender alguna excursión particularmente ardua («Es que a ti no te gusta divertirte», me dijo una vez en tono acusador cuando rechacé plantearme un viaje de fin de semana que requería vacunarse contra el cólera), *mejorar el momento*. Escribir aquel libro, me dijo durante la velada en que me lo mencionó por primera vez, le daba «algo que hacer», y luego ya no lo volvió a mencionar más. Cuando le preguntamos al cabo de un tiempo, nos dijo que lo había abandonado. «No vale la pena –recuerdo que dijo–. No vale la pena en absoluto.» Nunca supe si estaba diciendo que lo que no valía la pena era el libro, o el acto de escribirlo, o el hecho mismo de volver la vista atrás.

Tampoco supe, hasta la tarde del día en que murió, cuando la persona que había mecanografiado el manuscrito se lo entregó a sus hijas, que había terminado el libro, y sigo sin saber muy bien cuándo lo terminó. El libro no trata del trabajo que hizo en los siete años transcurridos entre *El Hotel New Hampshire* y el momento de su muerte, y en las últimas páginas menciona que tiene cincuenta y siete años, lo cual parece sugerir que escribió esas páginas seis años antes de morir, y aun así esas páginas finales tienen un aire de conclusión, una sensación nada característica de *adieu*. Nunca fue un hombre a quien le interesara mucho volver la vista atrás. Ni tampoco un hombre afligido por la desesperación; las únicas veces que lo vi infeliz fue cuando percibía tristeza o dolor o incluso algún momento de fugaz incertidumbre en alguna de sus hijas. Y, sin embargo, en el libro escribió:

Mientras escribo, las fotos de mis tres hijas me miran directamente desde un tablero de la pared. Y cuando alguna de sus miradas se encuentra con la mía parecen estar formulándome la misma pregunta: ¿qué depara el futuro? En el teatro, igual que existe la conocida superstición de que no se puede citar ni mencionar nunca «la obra escocesa» *Macbeth* porque trae mala suerte, también existe la superstición de que no se puede decir la última palabra ni el último par de versos de una obra de la Restauración hasta la noche del estreno. Me resulta igual de difícil terminar esto que decir esa última palabra. Les puedo decir a Natasha, Joely y Katharine que las quiero mucho, pero siento que quieren más.

¿Acaso supo durante seis años que se estaba muriendo? ¿O bien habría dicho que hablar de «morirse» en ese sentido son puras chorradas sentimentales, porque todos nos estamos muriendo? «No existe una respuesta —escribió en una parte anterior del mismo libro sobre el hecho de enterarse de algo que nunca había sabido de alguien a quien amaba—. Una especie de tristeza que da miedo; ángeles que nos pasan por encima, o como ese momento del segundo acto de *El jardín de los cerezos* en que Madame Ranevsky oye un sonido lejano como de cuerda de violín que se rompe.» Supongo que no hubo muchas semanas durante aquellos seis años en que no habláramos, almorzáramos o pasáramos una velada juntos. Pasamos vacaciones enteras juntos. Su hija Natasha se casó en nuestra casa. Yo lo quería. Y aun así no tenía ni idea.

1993

ÚLTIMAS PALABRAS

In the late summer of that year we lived in a house in a village that looked across the river and the plain to the mountains. In the bed of the river there were pebbles and boulders, dry and white in the sun, and the water was clear and swiftly moving and blue in the channels. Troops went by the house and down the road and the dust they raised powdered the leaves of the trees. The trunks of the trees too were dusty and the leaves fell early that year and we saw the troops marching along the road and the dust rising and leaves, stirred by the breeze, falling and the soldiers marching and afterward the road bare and white except for the leaves.

[A finales de verano de aquel año vivíamos en una casa en un pueblo con vistas al río y a la llanura hasta las mismas montañas. En el lecho del río había guijarros y rocas, secados y blanqueados por el sol, y el agua era transparente y fluía rápida y azul por los canales. Las tropas pasaban frente a la casa y por el camino y el polvo que levantaban espolvoreaba las hojas de los árboles. Los troncos de los árboles también estaban polvorientos y aquel año las hojas estaban cayendo antes de tiempo y veíamos desfilar a las tropas por el camino y se levantaba polvo y las hojas caían arrancadas por el viento y los soldados desfilaban y después el camino quedaba desnudo y blanco salvo por las hojas.]

Así reza el famoso primer párrafo de *Adiós a las armas*, de Ernest Hemingway, que me han dado ganas de releer tras el reciente anuncio de que el año que viene se publicará de forma póstuma la que se dice que es la última novela de Hemingway. El párrafo, que se publicó en 1929, llama a examen: cuatro frases engañosamente simples, 126 palabras, cuya ordenación me sigue resultando igual de misteriosa y emocionante que la primera vez que las leí, con doce o trece años, y de hecho por entonces me imaginé que si las estudiaba con suficiente atención y practicaba lo bastante quizá yo misma podría ordenar algún día 126 palabras como aquellas. Solo una de las palabras tiene tres sílabas. Veintidós palabras tienen dos. Las 103 restantes tienen una. Veinticuatro de las palabras son el artículo «the» y quince son la conjunción «and». Hay cuatro comas. La cadencia litúrgica del párrafo deriva en parte de la colocación de las comas (su presencia en la segunda y la cuarta frases, su ausencia en la primera y la tercera), pero también de la repetición de los «the» y los «and», que crea un ritmo tan marcado que la omisión del «the» antes de la palabra «leaves» en la cuarta frase («and we saw the troops marching along the road and the dust rising and leaves, stirred by the breeze, falling») proyecta exactamente lo que debe proyectar: una sensación de frío, una premonición, un vaticinio de la historia que está por venir, la conciencia de que el autor ya ha desplazado su atención desde finales de verano a una estación más oscura. El poder del párrafo, que ofrece la ilusión pero no la realidad de la especificidad, deriva precisamente de esa omisión deliberada, de la tensión que genera la información que no se da. ¿A finales de verano de *qué* año? ¿*Qué* río, *qué* montañas, *qué* tropas?

Todos conocemos la «vida» del hombre que escribió ese párrafo. La seducción más bien temeraria producida por los detalles de su vida privada ha quedado plasmada en la corriente de la memoria nacional: «Ernest y Hadley no tienen dinero, así que pasan el invierno esquiando en Cortina. Pauline viene a quedarse con ellos. Ernest y Hadley discuten por Pauline, así que todos se refugian en Juan-les-Pins. Pauline se resfría y se recupera en el Waldorf-Astoria». Hemos visto las fotos: el célebre autor corriendo con los toros en Pamplona, pescando peces espada frente a la costa de La Habana, boxeando en Bimini, cruzando el Ebro con los republicanos españoles, arrodillado junto a «su» león o «su» búfalo o «su» antílope en las llanuras del Serengeti. Hemos observado a quienes sobrevivieron al célebre autor, hemos leído sus cartas, hemos deplorado o encontrado lecciones en sus excesos, en sus poses y actitudes, en lo humillante de sus alegatos de machismo, en las degradaciones derivadas de y reveladas por su aparente tolerancia a la propia celebridad.

«Quiero hablarte de un joven llamado Ernest Hemingway, que vive en París (es americano), escribe para la *Transatlantic Review* y tiene un futuro brillante –le escribió F. Scott Fitzgerald a Maxwell Perkins en 1924–. Yo de ti lo buscaría de inmediato. Es un talento genuino.» Para cuando «el talento genuino» llegó a ver su brillante futuro al mismo tiempo hecho realidad y arruinado, ya había entrado en el valle de la fragilidad emocional extrema, de unas depresiones tan graves que, en febrero de 1961, después de la primera de las dos tandas de terapia de electroshock que recibiría, se veía incapaz de completar siquiera la única frase que había aceptado aportar a un volumen en homenaje al presidente John F. Kennedy. A primera hora del domingo 2 de julio de 1961, el célebre autor salió de su cama en Ketchum, Idaho, bajó las escaleras, tomó una escopeta Boss de doble cañón de un trastero del sótano y se vació los dos cañones en el centro de la frente. «Bajé la escalera –explicaba su cuarta mujer, Mary Welsh Hemingway, en sus memorias de 1976, *How It Was*–

y vi un montón arrugado de tejido de albornoz y sangre, con la escopeta en medio de la carne desintegrada, en el vestíbulo delantero de la sala de estar.»

Era tal la fuerza didáctica de su biografía que a veces nos olvidamos de que hablamos de un escritor que en su momento renovó el idioma inglés, cambió los ritmos de la forma en que tanto su generación como las siguientes hablarían, escribirían y pensarían. La gramática misma de una frase de Hemingway dictaba —o era dictada por— cierta forma de mirar el mundo, cierta forma de observar guardando la distancia, de pasar por algo evitando desarrollar apego, una especie de individualismo romántico claramente adaptado a su tiempo y su origen. Si nos creyéramos esas frases, veríamos desfilar las tropas por el camino, pero no desfilaríamos necesariamente con ellas. Estaríamos presentes, pero no nos uniríamos a ellos. Declararíamos, como declaró Nick Adams en los relatos de Nick Adams y como declaró Frederic Henry en *Adiós a las armas*, una paz distinta: «La guerra siguió allí durante todo el otoño, pero ya no íbamos a ella».

El efecto del estilo de Hemingway fue tan ubicuo que se convirtió no solo en la voz de sus admiradores, sino incluso en la de aquellos cuya forma de acercarse al mundo no estaba para nada arraigada en el individualismo romántico. Recuerdo que, cuando estaba hablando de George Orwell en una clase en Berkeley en 1975, me sorprendió lo mucho que se podía oír a Hemingway en sus frases. «Las colinas que teníamos delante eran grises y estaban arrugadas como pieles de elefante», había escrito Orwell en 1938 en *Homenaje a Cataluña*. «Las colinas del otro lado del valle del Ebro eran alargadas y blancas», había escrito Hemingway en 1927 en «Colinas como elefantes blancos». «Una masa de palabras en latín cae sobre los hechos como una suave nevada, desdibujando los contornos y cubriendo todos los detalles», había escrito Orwell en 1946 en «La política y el idioma inglés». «Siempre me avergonzaron las palabras sagradas, gloriosas, y el sacrificio y la expresión en vano –había escrito Hemingway en 1929 en *Adiós a las armas*–. Había muchas palabras que eran insoportables de oír, y al final solo tenían dignidad los nombres de los lugares.»

Hemingway fue un hombre para quien las palabras importaban. Trabajaba en ellas, las entendía, se metía en ellas. Cuando tenía veinticuatro años y leía los textos que la gente enviaba a la *Transatlantic Review* de Ford Madox Ford, a veces intentaba reescribirlos solo para practicar. Debió de quedarle muy claro ya por entonces su deseo de que solo lo sobrevivieran las palabras que él consideraba adecuadas para su publicación. «Me acuerdo de que Ford me decía que un hombre siempre debía escribir sus cartas pensando en cómo sonarían en la posteridad –le escribió a Arthur Mizener en 1950–. Aquello me desagradó tanto que quemé todas las cartas que tenía en el apartamento, incluidas las de Ford.» En una carta con fecha del 20 de mayo de 1958, dirigida «A mis albaceas» y guardada en la caja fuerte de su biblioteca de La Finca Vigía, escribió: «Es mi deseo que no se publique ninguna carta de las que he escrito durante mi vida. Por tanto, por la presente solicito e instruyo que no publiquen ustedes ninguna de dichas cartas ni aprueben su publicación por parte de terceros».

Su viuda y albacea, Mary Welsh Hemingway, alegando que la carga de aquella restricción causaba «continuos problemas y decepciones a otras personas», finalmente decidió infringirla, publicando extractos de ciertas cartas en *How It Was* y concediendo permiso a Carlos Baker para que publicara otras seiscientas en su libro *Ernest Hemingway: Selected Letters, 1917-1961*. «La sabiduría y la pertinencia de la decisión es incuestionable», escribió Baker, ya que las cartas «no solo instruirán y entretendrán al público lector general, sino que también suministrarán a los estudiantes serios de literatura los documentos necesarios para la investigación en curso de la vida y los logros de uno de los gigantes de la narrativa americana del siglo xx».

Lo peculiar de ser escritor es que la aventura entera conlleva la mortal humillación de ver impresas tus propias palabras. El riesgo de publicar es la más trascendente realidad de la vida, y aun entre escritores con menor inclinación que Hemingway a interpretar las palabras como expresión manifiesta del honor personal, no se puede esperar que cause precisamente entusiasmo la idea de que unas palabras que uno no se ha arriesgado a publicar queden expuestas a la «investigación en curso» de los «estudiantes serios de literatura». «A nadie le gusta que lo vayan siguiendo –le dijo el propio Hemingway en 1952 a uno de aquellos investigadores, Charles A. Fenton, de Yale, que al saber de la existencia de las cartas se dedicó a atormentar a Hemingway a base de mandarle borradores sucesivos de lo que acabaría siendo *The Apprenticeship of Ernest Hemingway: The Early Years*–. A nadie le gusta que lo siga, investigue ni interrogue ningún detective aficionado, por académico o serio que este sea. Debería usted ser capaz de entender esto, Fenton.» Un mes más tarde, Hemingway volvió a intentarlo. «Creo que debería abandonar el proyecto –le escribió a Fenton, añadiendo–: Es imposible llegar a ninguna verdad sin la cooperación de la persona involucrada. Y esa cooperación requiere casi tanto esfuerzo como el que le costaría a un hombre escribir su autobiografía.» Al cabo de unos meses, todavía lo estaba intentando:

En la primera página o páginas de su manuscrito he encontrado tantos datos erróneos que podría pasarme el resto del invierno reescribiéndolo y proporcionándole a usted la información auténtica, y ya no podría escribir nada mío. [...]

Otra cosa: ha localizado usted textos míos no firmados gracias a los recibos de pago. Pero no sabe qué textos fueron cambiados o reescritos por los editores de mesa y cuáles no. No conozco nada peor para un escritor que el hecho de que sus textos de juventud que han sido reescritos y alterados hayan sido publicados sin su permiso como suyos.

En realidad, conozco pocas cosas peores que el hecho de que otro escritor recopile el periodismo de un colega escritor que este ha decidido no preservar porque carece de valor, y que lo publique.

Señor Fenton, estoy muy convencido de esto. Se lo he escrito antes y se lo vuelvo a escribir. La escritura que yo no deseo publicar, usted no tiene derecho a publicarla. Yo no le haría una cosa así a usted, igual que no le haría trampas a nadie jugando a las cartas ni tampoco hurgaría en su escritorio ni en su papelera ni leería sus cartas personales.

Podríamos suponer sin miedo a equivocarnos que un escritor que se suicida no se ha sentido del todo comprometido con la obra que deja inacabada; sin embargo, no parece haber duda alguna sobre lo que pasará con los manuscritos inacabados de Hemingway. Entre estos se encuentran no solo «el de París» (como lo llamaba él) o *París era una fiesta* (como lo llamarían los editores), que Hemingway le había enseñado a Scribner en 1959 y luego había reclamado de vuelta para revisarlo, sino también las novelas publicadas más tarde con los títulos *Islas a la deriva* y *El jardín del Edén*; varios relatos de Nick Adams; el que la señora Hemingway denominó el «tratamiento original» de los textos sobre tauromaquia que publicó la revista *Life* antes de la muerte de Hemingway (que se convertiría en *El verano peligroso*), y lo que ella describió como «su crónica semificcionada de nuestro safari por África», y de la cual publicaría tres selecciones en la revista *Sports Illustrated* en 1971 y 1972.

Lo que vino después fue la creación sistemática de un producto comercial, un corpus aparte y de un tipo distinto al que Hemingway publicó en vida, y que de hecho tiende a ocultar dicho corpus. Tan exitoso fue el proceso de convertir ese producto en marca comercial que en octubre, de acuerdo con la sección House & Home del *New York Times*, la empresa de muebles Thomasville Furniture Industries presentó una «Colección Ernest Hemingway» en la Feria Internacional de Mobiliario Doméstico celebrada en High Point, Carolina del Norte, ofreciendo «96 piezas de mobiliario y accesorios de sala, comedor y dormitorio» con cuatro ejes temáticos: «Kenia», «Cayo Hueso», «La Habana» y «Ketchum». «Hoy en día andamos escasos de héroes —le dijo al *New York Times* Marla A. Metzner, presidenta de Fashion Licensing of America—. Así que acudimos a los grandes iconos del siglo para convertirlos en marcas heroicas.» Según el *New York Times*, la señora Metzner no solo «ha creado la marca Ernest Hemingway junto con los tres hijos de Hemingway, Jack, Gregory y Patrick», sino que «también representa a los nietos de F. Scott Fitzgerald, que han pedido una marca Fitzgerald».

El hecho de que este sea el resultado lógico del marketing póstumo es algo que no debió de ver con claridad Mary Welsh Hemingway. Al parecer, en vida de su marido se mostró indiferente a los impulsos mercadotécnicos de A. E. Hotchner, cuya correspondencia durante trece años con Hemingway da la impresión de que consideraba al deteriorado autor no como la figura dispersa y desesperada que sugieren las cartas, sino como un recurso infinito, una mina que explotar, un elemento que comercializar en forma de sus diversos «proyectos» editoriales y de ocio. La viuda intentó impedir la publicación del *Papa Hemingway* de Hotchner, y aunque la correspondencia deja claro que Hemingway había confiado y dependido mucho de su autor, ella lo presentó en sus memorias como una especie de asistente personal, alguien que llevaba y traía manuscritos, alguien que conseguía apartamentos, una aparición tipo Zelig en escenas multitudinarias: «Cuando el Île de France atracó en el Hudson a mediodía del 27 de marzo, nos quedamos encantados de ver esperándonos a Charlie Sweeny, mi general favorito, junto con Lillian Ross, Al Horowitz, Hotchner y otros».

En esas memorias, que resultan memorables sobre todo por la revelación que hace su autora de su compleja combinación de impresionante competencia e incompetencia estratégica (llega a París el mismo día en que la ciudad es liberada y reserva una habitación en el Ritz, pero parece perpleja por el problema doméstico de cómo mejorar la iluminación del comedor de La Finca Vigía), Mary Welsh Hemingway transmite su convencimiento, al que parece haber llegado pese a las considerables evidencias en sentido contrario, de que «estaba claro» que su marido esperaba que ella terminara publicando «una parte de su obra, si no toda». Las directrices que se pone a sí misma para esta tarea resultan instructivas: «Salvo la puntuación, y los "y" y los "pero" que obviamente se habían pasado por alto, presentaríamos a los lectores su poesía y su prosa tal como él las había escrito, dejando que las lagunas se quedaran donde estaban».

Y ahí está el problema. O te importa la puntuación o no, y a Hemingway le importaba. O te importan los «y» y los «pero» o no, y a Hemingway le importaban. O crees que algo está en condiciones de publicarse o no, y Hemingway no lo creía. «Esto es todo; ya no hay más libros», declaró Charles Scribner III al *New York Times* a modo de anuncio de la «novela de Hemingway» que se iba a publicar en julio de 1999, coincidiendo con la celebración del centenario de su nacimiento. La obra, de cuyo texto se sacó el título *Al romper el alba* («En África algo es cierto al romper el alba y mentira a mediodía y no le tienes más respeto que al encantador y perfecto lago bordeado de maleza que se ve al otro lado del salar requemado por el sol»), es supuestamente la novela en la que Hemingway estuvo intentando trabajar de forma intermitente entre 1954, cuando Mary Welsh Hemingway y él regresaron del safari en Kenia que se narra en sus páginas, y su suicidio en 1961.

De entrada, parece que esta «novela africana» solo ofreció la resistencia normal que caracteriza las fases iniciales de toda novela. En septiembre de 1954, Hemingway escribió a Bernard Berenson desde Cuba hablándole de los efectos adversos que estaba teniendo el aire acondicionado en su tarea: «Lo escribes, sí, pero queda tan falso como si lo estuvieras haciendo en una especie de invernadero al revés. Seguramente lo tiraré todo, aunque quizá cuando las mañanas vuelvan a cobrar vida podré usar el esqueleto de lo que he escrito y rellenarlo con los olores y con los ruidos de los pájaros a primera hora y con todos los encantos de esta finca, que en los meses fríos se parecen mucho a África». En septiembre de 1955 volvió a escribir a Berenson, esta vez con una máquina de escribir nueva, y le explicó que no podía usar la antigua «porque tiene dentro la página 594 del libro [africano], tapada con la funda para el polvo, y da mala suerte sacar las páginas». En noviembre de 1955 informó a Harvey Breit, del *New York Times*, de que «voy por la página 689 y deséame suerte, chaval». En enero de 1956 escribió a su abogado, Alfred Rice, diciéndole que había llegado a la página 810.

Luego se cierne, en las *Selected Letters*, cierto silencio sobre el tema de esa novela africana. Tenga o no ochocientas diez páginas, llega un momento en que todo escritor se da cuenta de que un libro no funciona, y todo escritor sabe también que las reservas de voluntad, energía, memoria y concentración necesarias para hacer que funcione simplemente pueden no encontrarse disponibles. «Te ves obligado a *continuar* cuando la cosa es peor y más insalvable. Con una novela solo se puede hace una cosa, que es seguir adelante sin parar hasta el puñetero final», le escribió Hemingway a F. Scott Fitzgerald, cuando este se bloqueó con la escritura de la novela que se terminaría publicando en 1934 con el título de *Suave es la noche*.

En 1929, Hemingway tenía treinta años. Su concentración, o su capacidad para «*continuar* cuando la cosa es peor y más insalvable», todavía le había bastado por entonces para seguir reescribiendo *Adiós a las armas* mientras intentaba lidiar, tras el suicidio de su padre en diciembre de 1928, con las preocupaciones que le suponían su madre, su hermana de dieciséis años y su hermano de trece. «Soy consciente, por supuesto, de que lo que debo hacer es no preocuparme sino ponerme a trabajar; terminar mi libro como es debido para poder ayudarlos con las gestiones», escribió a Maxwell Perkins a pocos días del funeral de su padre, y seis semanas después entregaba el manuscrito terminado. Había vivido la destrucción de un matrimonio, pero todavía no de tres. Todavía no convivía con las consecuencias de los dos accidentes aéreos que en 1954 le habían destrozado el hígado, el bazo y un riñón, colapsado el intestino, aplastado una vértebra, dejado quemaduras de primer grado en la cara y en la cabeza y causado conmoción cerebral y pérdida de visión y auditiva. «Alfred, este ha sido un año muy malo, antes incluso de que nos estrelláramos con la avioneta», le escribió a Alfred Rice, quien al parecer había cuestionado sus desgravaciones fiscales por el safari africano:

Pero tendré una mina de diamantes si la gente me deja en paz y me permite extraer las piedras del barro azul, tallarlas y pulirlas. Si consigo eso, ganaré más dinero para el gobierno que cualquier petrolero de Texas que consiga su depreciación. Pero me he llevado una tunda de esas de las que uno no sale vivo, y necesito trabajar sin pausa para recuperarme y después escribir y no pensar ni preocuparme por nada más.

«Los detalles literales de la escritura –le dijo una vez Norman Mailer a un entrevistador– incluyen la propia fisiología o metabolismo. Empiezas parado en la línea de salida y tienes que acelerar hasta un punto de actividad intelectual en que las palabras vengan como es debido y en orden. Toda escritura es generada por cierto mínimo de ego: necesitas asumir una posición de autoridad para poder decir que la forma en que lo estás escribiendo es la única forma en que pasó. El bloqueo del escritor, por ejemplo, es un simple fallo del ego.» En agosto de 1956, Hemingway explicó a Charles Scribner Jr. que le había «resultado imposible continuar trabajando en el libro de África sin un poco de escritura disciplinaria», y que por tanto estaba escribiendo relatos.

En noviembre de 1958 le mencionó a uno de sus hijos que quería «terminar libro» mientras pasaba el invierno en Ketchum, pero que el «libro» que tenía entre manos ahora era «el de París». En abril de 1960 le dijo a Scribner que quitara de su catálogo de otoño aquel libro todavía sin título sobre París: «Seguramente habrá mucha gente que piense que no tenemos libro y que esto es como todos aquellos bocetos de Scott para los que pedía prestado dinero y que jamás podría haber terminado, pero sabes que si no quisiera la oportunidad de mejorarlo todavía más lo podría haber publicado exactamente como tú lo viste con unas cuantas correcciones del mecanografiado de Mary». Diez meses más tarde, y cinco antes de su muerte, en una carta que le escribió a su editor en Scribner's entre las dos tandas de terapia de electroshock que le administraron en la Clínica Mayo de Rochester, Minnesota, el escritor intentó, de forma alarmante, explicar lo que estaba haciendo:

> Tengo el material organizado en capítulos –llegan hasta el 18– y estoy trabajando en el último –el número *19*–, y también en el título. Me está resultando muy difícil. (Tengo mi extensa lista habitual para elegir; ninguno me parece bien pero estoy avanzando; París se ha usado tan a menudo que eso lo estropea todo.) En las páginas del manuscrito tienen esta extensión: 7, 14, 5, 6, 9½, 6, 11, 9, 8, 9, 4½, 3½, 8, 10½, 14½, 38½, 10, 3, 3: total 177 páginas + 5½ páginas + 1¼ páginas.

Recuerdo que hace años, durante una cena en Berkeley, escuché que un profesor de literatura inglesa presentaba *El último magnate* como prueba irrefutable de que F. Scott Fitzgerald era un mal escritor. La seguridad con que emitió este juicio me sorprendió hasta tal punto que dejé que se perdiera en el *donnée* de la velada antes de poder plantear una objeción. *El último magnate*, dije, era un libro inacabado, que no teníamos manera de juzgar porque no teníamos forma de saber cómo lo podría haber terminado Fitzgerald. Pues claro que lo sabíamos, dijo otro invitado, y unos cuantos más se le unieron: teníamos las «notas» de Fitzgerald, teníamos el «esquema» de Fitzgerald, todo estaba «completamente delineado». En otras palabras, solo una persona de las que estábamos a la mesa aquella noche veía una diferencia sustancial entre escribir un libro y tomar notas para ese libro, o «hacer un esquema», o «delinearlo».

Para un escritor, la escena más escalofriante que se ha filmado nunca debe de ser ese momento de *El resplandor* en que Shelley Duvall mira el manuscrito en el que ha estado trabajando su marido y ve, escrita una y otra vez en cada una de los cientos de páginas, una sola frase: «All work and no play makes Jack a dull boy». El manuscrito de lo que sería *Al romper el alba* tenía 850 páginas cuando Hemingway lo abandonó. Tras ser editado para su publicación, se quedó en la mitad. La edición la hizo el hijo de Hemingway, Patrick, que ha explicado que se limitó a condensar cosas (lo cual lleva de forma inevitable a alterar las intenciones del autor, tal como sabe cualquiera que haya condensado un texto), y que solo cambió algunos nombres de lugares, lo cual podría ser o no una respuesta lógica a la obra del hombre que escribió: «Había muchas palabras que eran insoportables de oír, y al final solo tenían dignidad los nombres de los lugares».

La pregunta de qué habría que hacer con los textos que los escritores dejan inacabados suele responderse convencionalmente citando obras que se habrían perdido si se hubieran respetado los últimos deseos de sus autores. Se menciona la *Eneida* de Virgilio. Se mencionan *El proceso* y *El castillo* de Franz Kafka. En 1951, claramente atosigado por la mortalidad, Hemingway juzgó que ciertas partes de una novela larga en cuatro partes en la que llevaba varios años trabajando ya estaban lo bastante acabadas como para publicarlas tras su muerte, y especificó sus condiciones, que no incluían la intrusión de la mano de ningún editor y excluían de forma específica la publicación de la primera sección, inacabada. «Las dos últimas partes no necesitan ningún recorte —le escribió a Charles Scribner en 1951—. La tercera parte sí necesita bastantes recortes, pero es un trabajo de escalpelo muy meticuloso y no haría falta cortar si yo estuviera muerto. [...] La razón de que te haya escrito que siempre puedes publicar las tres últimas partes por separado es que sé que puedes, en caso de que por muerte accidental o de cualquier otra clase yo no pudiera dejar la primera parte en condiciones de ser publicada.»

El propio Hemingway publicaría al año siguiente por separado la cuarta parte de ese manuscrito, con el título de *El viejo y el mar*. La «primera parte» del manuscrito, la que todavía no estaba «en condiciones de ser publicada», se publicaría a pesar de todo después de su muerte, dentro de *Islas a la deriva*. En el caso de la «novela africana», o *Al romper el alba*, 850 páginas reducidas a la mitad por alguien que no es el autor no pueden parecerse a nada de lo que el autor quería que fueran, pero sí pueden servir de gancho para un programa de cotilleos, para montar una falsa controversia sobre si la parte del manuscrito en que el escritor toma una novia wakamba durante su safari refleja o no un episodio «real». La incapacidad cada vez mayor de muchos lectores para interpretar la narrativa como otra cosa que un *roman à clef*, o el material en bruto de una biografía, es un fenómeno que se tolera y se promueve a partes iguales. En su anuncio de la publicación del manuscrito, el *New York Times* citaba el siguiente comentario espurio de Patrick Hemingway: «¿Vivió Ernest Hemingway semejante experiencia? –decía desde su casa en Bozeman, Montana–. Puedo decirles que, por lo que yo sé, y no lo sé todo, no la vivió.»

Esto es una negación de la idea misma de ficción, igual que el hecho de publicar una obra inacabada es una negación de la idea de que el papel del escritor en relación con su obra es crearla. Los fragmentos de *Al romper el alba* que ya se han publicado solo se pueden leer como algo todavía sin hacer, como notas, escenas en proceso de ser establecidas, palabras puestas sobre el papel pero todavía no escritas. De vez en cuando se captan vislumbres fabulosos, fragmentos que el autor debió de usar como defensa contra lo que él veía como su ruina, y el lector compasivo puede creer posible que, si el escritor hubiera vivido (es decir, si hubiera encontrado la voluntad, la energía, la memoria y la concentración necesarias), podría haber dado forma al material, podría haberlo hecho existir con su escritura, haberlo hecho funcionar como la historia que sugieren esos vislumbres, la historia de un hombre que regresa a un lugar que amó y se encuentra a las tres de la madrugada haciendo frente al conocimiento de que él ya no es la persona que amó ese lugar y ya no volverá a ser nunca la persona que había querido ser. Pero, por supuesto, esa posibilidad le habría estado vedada en última instancia al escritor que nos ocupa, porque era una historia que ya había escrito, en 1936, y la había titulado *Las nieves del Kilimanjaro.* «Nunca escribiría las cosas que se guardaba para escribir hasta que supiera lo bastante para escribirlas bien», pensaba el autor de *Las nieves del Kilimanjaro* mientras yacía muriéndose de gangrena en África. Y luego, la siguiente apostilla, la más triste de las historias: «Bueno, ahora ya no iba a tener que fracasar intentando escribirlas».

1998

MUJERNORMAL.COM

De acuerdo con la «Guía de Internet de Martha Stewart: ¡la Página Web NO OFICIAL!», que creó una exestudiante de posgrado llamada Kerry Ogata a modo de «estrategia de postergación de su trabajo de tesis» y después pasó a manos de quienes la mantienen ahora, la presidenta y directora ejecutiva de Martha Stewart Living Omnimedia LLC («MSO» en el mercado de valores de Nueva York), de cincuenta y ocho años, solo necesita dormir cuatro horas por noche y emplea las horas que se ahorra en cuidar de sus seis gatos y atender su jardín a la luz de una linterna, prefiere los ordenadores Mac en la oficina y un PowerBook para su uso personal, hace los trayectos entre su casa de Westport, sus dos casas de East Hampton y su apartamento de Manhattan en un GMC Suburban («con chófer») o en un Jaguar XJ6 («que conduce ella misma»), fue la segunda de los seis hijos de una familia polacoamericana de Nutley, Nueva Jersey, tiene una hija, Alexis, y sobrevivió a un «divorcio no amistoso» del que fue su marido durante veintiséis años, Andrew Stewart («Andy», según la página web), que luego «se casó con la exayudante de Martha, veintiún años más joven que él».

Las lectoras que escriben en la sección de «Opiniones» de la web, como les pasa siempre a las buenas amigas, tienen sentimientos encontrados sobre la deserción de Andy, que se produjo en 1987, mientras Martha estaba de gira promocionando su revista *Martha Stewart Weddings*, cuyo prefacio ofrecía una visión quizá premonitoria de su propia boda en 1961. «Era una chica ingenua de diecinueve años, todavía estudiante de Barnard, y Andy estaba empezando derecho en Yale, así que nos pareció apropiado casarnos en una ceremonia episcopaliana en la capilla de Saint Paul de Columbia, básicamente porque no teníamos otro sitio adonde ir», escribió, e incluía una fotografía que mostraba el vestido de boda que su madre y ella habían hecho con organdí suizo bordado comprado en la calle Treinta y ocho Oeste. En la red, los argumentos en defensa de «Martha», de «Andy» e incluso de «Alexis», quien al principio se puso de parte de su madre en el divorcio, se debatían de forma sorprendentemente familiar. «Por cierto, no culpo a Andy –dice una comentarista–. Creo que se llevó todo lo que pudo. Me parece una lástima que Alexis pensara que tenía que elegir.» Otra comentarista, otro punto de vista: «Trabajo cincuenta horas semanales y reconozco que a veces no tengo tiempo para «ser todo lo que puedo ser», pero cuando Martha empezó tenía que trabajar a tiempo parcial, criar a Alexis y hacer de ama de casa para el capullo de Andy (seguro que se arrepiente de haberla dejado)».

Aunque «¡La Página Web NO OFICIAL!» es simplemente eso, no oficial, «no afiliada con Martha Stewart, sus agentes, la Martha Stewart Living Omnimedia LLC o ninguna otra empresa del Grupo Empresarial Martha Stewart», su visión más bien desenfadada de las proteicas aptitudes de su tema («¿Qué no puede hacer Martha? Según la propia Martha: «Volar en ala delta, y odio ir a comprar ropa»») no debe ser interpretada ni mucho menos como deslealtad hacia los objetivos de Martha, que son, tal como explicaba el folleto promocional que acompañaba el pasado octubre a la oferta pública de venta de Martha Stewart Living

Omnimedia, «ofrecer nuestro contenido original de consejos prácticos e información a tantas consumidoras como sea posible» y «convertir a nuestras consumidoras en "artífices" a base de ofrecerles la información y los productos que necesitan para aplicar su creatividad y hacer las cosas por sí mismas "al estilo Martha Stewart"». Está claro que los creadores y usuarios de «¡La Página Web NO OFICIAL!» mantienen una relación bastante especial con el sujeto del que se ocupan, al igual que los creadores y usuarios de otras páginas web no oficiales o inventadas a sí mismas con el mismo espíritu: «Mi página de Martha Stewart», por ejemplo, o «Martha Stewart para góticas», que aconseja a las adolescentes que viven con sus padres sobre cómo dar un aire gótico a sus habitaciones sin alarmar a sus padres («En primer lugar, no la pintes toda de negro»), ofreciendo sus consejos a partir de las declaraciones de Martha.

«Martha adora encontrar sábanas viejas y muebles ligeramente gastados en los mercadillos callejeros —se recuerda a las usuarias de "Martha Stewart para góticas"—. Cose ella misma una gran parte de sus cortinas y ropa de cama. Pinta y experimenta aplicando técnicas de pintura poco usuales a objetos grandes y pequeños. Le encantan las flores, tanto las vivas como las secas [...] y aunque su entorno aparenta ser de gran riqueza, muchas de sus ideas están creadas con materiales más bien simples y baratos, como retales de tela y platos de segunda mano.» Para la creadora de «Mi página de Martha Stewart», incluso la naturaleza «extremadamente quisquillosa» de la preocupación que expresa Martha por el aspecto de su dosificador de detergente líquido puede ser una experiencia instructiva, una fuente de preocupación que se convierte en fuente de iluminación: «Eso hace que me preocupe por ella. [...] Por supuesto, es esa misma extrañeza la que me hace quererla. Me ayuda a saber que lo mío es normal, que todo el mundo es normal. [...] Parece perfecta, pero no lo es. Es una persona obsesiva, frenética. Es una maníaca del control hasta un punto que yo no habría podido imaginar. Y eso me enseña dos cosas: a) que nadie es perfecto, y b) que todo tiene un precio».

Aquí hay un vínculo emocional poco habitual, una intimidad privada que elude los preceptos convencionales de la mercadotecnia para ir al corazón mismo de la empresa, la marca, lo que Martha prefiere llamar la «presencia»: las dos revistas (*Martha Stewart Living* y *Martha Stewart Weddings*), que llegan entre las dos a diez millones de lectoras, los veintisiete libros que han vendido 8,5 millones de ejemplares, el programa radiofónico diario que emiten 270 emisoras, la columna «AskMartha» que aparece en 233 periódicos, el programa de televisión que se emite seis días a la semana en la CBS, el espacio semanal en el magazine matinal de la CBS, el programa de televisión por cable (*From Martha's Kitchen*, el programa semanal de la Food Network con índices punteros de audiencia entre mujeres de veinticinco a cincuenta y cuatro años), la página web (www.marthastewart.com) con más de un millón de usuarias registradas y 627.000 visitas mensuales, los acuerdos de merchandising con Kmart y Sears y Sherwin-Williams (solo Kmart vendió el año pasado productos de Martha Stewart por valor de más de mil millones de dólares), la empresa de venta por catálogo (Martha by Mail) donde se pueden encargar unos 2.800 productos (guirnaldas de San Valentín, bolsas de obsequios de San Valentín, galletas listas para decorar, moldes para tartas con forma de corazón, cucharas para servir postres con forma de corazón, kits para hacer escarapelas con forma de corazón, moldes para tortitas con forma de corazón y kits de blondas de papel para San Valentín, por citar algunos de los productos de las páginas online de «San Valentín»), ya sea de los catálogos mismos (once ediciones anuales, 15 millones de ejemplares) o de páginas web con diseños excepcionalmente atrayentes y sus tentadores enlaces a otros productos.

Los productos no son baratos. El kit de blondas de papel para San Valentín contiene suficiente cartulina y blonda para confeccionar «unas cuarenta» tarjetas de San Valentín, que, a cuarenta y dos dólares más el tiempo y el esfuerzo requeridos, no son precisamente una ganga. En la página de «Pasteles y bases para pasteles», el kit de plantillas para decorar pasteles navideños, que consta de ocho plantillas de veintidós centímetros para espolvorear decorativamente los pasteles con azúcar o cacao en polvo, se vende por veintiocho dólares. En las páginas de «Flores de Martha», veinticinco rosas de té, que se pueden comprar a dieciocho dólares la docena en el Roses Only de Nueva York, cuestan cincuenta y dos dólares, y el más grande de los dos «jarrones sugeridos» para ponerlas (ejemplo de la lógica asociativa de la página web), otros setenta y ocho dólares. Un set de cincuenta redondeles de tul festoneado, unos círculos de veintiún centímetros de tul para envolver recuerdos de boda, cuesta dieciocho dólares, y el rollo de cinta de rayón que se usa para atarlos («no incluido», otro ejemplo de enlace de la web) cuesta, en la colección de cintas de rayón de seis colores, cincuenta y seis dólares. La cinta de rayón se vende al por menor por unos cuantos centavos, y, en el Paron de la calle Cincuenta y siete Oeste de Nueva York, que no es el lugar más barato donde encontrarla, la tela de tul de tres metros de ancho se vende a cuatro dólares el metro. Dado que la cantidad de tul de tres metros necesaria para confeccionar cincuenta redondeles de tul festoneado sería un poco más de un metro, la persona que compra en la web solo puede estar pagando por el visto bueno de «Martha», cuya genialidad ha sido llevar la antaño familiar noción del «Hazlo tú misma» a un territorio nuevo e inexplorado: un poco a medio camino entre hacerlo tú misma y pagar a Robert Isabell para que te lo haga.

Hablamos de una empresa de mil millones de dólares cuyo único producto real, en otras palabras, es la propia Martha Stewart, una premisa empresarial poco habitual y reconocida en los folletos promocionales que se hicieron para la tremendamente exitosa oferta pública de venta de la Martha Stewart Living Omnimedia. «Nuestro negocio se veía perjudicado si quedaran empañadas la imagen pública o la reputación de Martha Stewart –dice una parte de la sección de los "Factores de riesgo" del folleto–. Martha Stewart, junto con su nombre, su imagen y las marcas registradas y otros derechos de propiedad intelectual relacionados con ellos, son factores integrales de nuestro trabajo de marketing y forman el núcleo de nuestra marca. Nuestro éxito continuado y el valor de nuestra marca, por consiguiente, dependen en gran medida de la reputación de Martha Stewart.»

Durante la oferta pública se habló mucho de los peligros de identificar totalmente una marca con un solo ser humano vivo y por tanto vulnerable, y la pregunta de qué pasaría con la Martha Stewart Living Omnimedia si Martha Stewart enfermara o muriera (en palabras del folleto, en caso de «disminución o pérdida de los servicios de Martha Stewart») quedaba sin responder. «Siempre fue un problema para nosotros», le dijo al *Los Angeles Times* Don Logan, presidente de Time Inc. en 1997, unos meses después de que Stewart consiguiera amasar suficiente de lo que ella denominaba «capital generado internamente», 53,3 millones de dólares, para comprar su salida de Time Warner, que se había estado resistiendo a la expansión de un negocio completamente construido en torno a una sola persona.

«Creo que ahora estamos muy bien expandidos por un área donde nuestra información es de confianza», afirmaba la propia Stewart, y ciertamente parecía claro que la misma expansión y repetición del nombre que había puesto nerviosa a la Time Warner —cada artículo de «Martha Stewart» que se vendía, cada anuncio de «Martha Stewart Everyday» que se emitía— servía paradójicamente para proteger a la marca de la posible pérdida de la personalidad que había tras ella.

La cuestión consiguiente de qué pasaría «si quedaran empañadas la imagen pública o la reputación de Martha Stewart» parecía menos preocupante, ya que en cualquier caso la pregunta de si era posible empañar la imagen pública o la reputación de Martha Stewart ya había recibido respuesta con la publicación y ascenso en las listas de más vendidos del *New York Times* en 1997 de *Just Desserts*, una biografía no autorizada de Martha Stewart firmada por Jerry Oppenheimer, cuyos libros anteriores habían sido biografías no autorizadas de Rock Hudson, Barbara Walters y Ethel Kennedy. «Me empezó a fluir la adrenalina investigadora —escribió Oppenheimer en el prólogo de *Just Desserts*—. Si las historias que Martha contaba eran ciertas, yo preveía un libro sobre una mujer perfecta que había llevado la perfección a las masas. Si sus historias no eran ciertas, preveía un libro que destruiría mitos.»

Con la adrenalina investigadora fluyendo, Oppenheimer descubrió que Martha estaba «decidida» a conseguir sus objetivos. Es más, a veces Martha «no contaba toda la historia», Martha podía «gritar mucho» cuando las cosas no salían como ella había planeado, aunque el argumento que aquí presenta Oppenheimer sugiere, en el peor de los casos, mérito en ambos aspectos. Se decía, por ejemplo, que Martha se había «puesto a chillar» cuando un empleado de catering había dado marcha atrás con su coche y había pasado por encima de la cesta de pícnic estilo Shaker «de foto, impecable», donde ella acababa de empaquetar sus tartas de arándanos azules. Asimismo, se contaba que Martha había «perdido los papeles» cuando el incendio de un ahumador había interrumpido el rodaje de un especial navideño, y encima había descubierto que la manguera que ella misma había arrastrado hasta el ahumador («seguida de varios miembros displicentes del equipo, parientes falsamente preocupados, ayudantes de cocina que sonreían maliciosamente y un varonil conserje brasileño») era demasiado corta para alcanzar las llamas. Después de correr de vuelta a la casa, conseguir una extensión para la manguera y apagar el incendio, Martha —de una forma que muchos considerarían comprensible— tuvo unas palabras con el conserje, «a quien despidió allí mismo, delante de todo el mundo, después de que él le contestara mal».

Otros defectos que el biógrafo descubrió eran: idealizar la vida familiar de su infancia (p. 34), embellecerlo «todo» (p. 42), omitir un ingrediente esencial cuando una rival preadolescente de su negocio de catering le pidió la receta de su pastel de chocolate (p. 43), contar a las lectoras de *Martha Stewart Living* que de niña había «querido descubrir el secreto de la buena literatura», pese a que «una amiga íntima» informaba de que «había devorado con pasión» las novelas de Nancy Drew y de Cherry Ames (p. 48), escribir mal la palabra «villanía» en una reseña de *La feria de las vanidades* de William Makepeace Thackeray para la revista literaria del Instituto Nutley (p. 51), tener que preguntar qué era el Kwanza durante una aparición en *Larry King Live* en 1995 (p. 71) y no solo querer un diamante más grande en su alianza que el que Andy había elegido para ella en la joyería de Harry Winston, sino también conseguirlo, a mejor precio, en el distrito de las joyerías de Manhattan (p. 101). «Eso debería haber disparado las alarmas —le contó a Oppenheimer «una amiga suya de toda la vida»–. ¿Cuántas mujeres harían una cosa así? Era un mal presagio.»

Esta dinámica de meter en un mismo saco insignificantes detalles de inmadurez y frugalidad para convertirlos en defectos de carácter (una antigua ayudante del negocio de catering que Martha tuvo en Westport en los años setenta formulaba la siguiente acusación: «No se tiraba nada. [...] La filosofía de Martha era un poco como la de un cliente de un restaurante que se ha comido medio filete y le dice al camarero: "Ah, envuélvemelo, que me lo llevo a casa"») se prolonga durante 414 páginas, después de las cuales Oppenheimer, en plena racha de destrucción de mitos, revela su as en la manga, «un inquietante manifiesto corporativo» que «de alguna forma consiguió salir de las oficinas de Martha y llegó del despacho de un directivo de la Time Inc. a otro y finalmente de una fotocopiadora al mundo exterior. [...] El papel blanco, atiborrado de lo que se describió como un incomprensible diagrama de flujo, declaraba»:

> Según la visión de Martha, el valor compartido de las empresas de MSL es tremendamente personal, y refleja sus metas, creencias, valores y aspiraciones individuales. [...] El «estilo Martha» se puede obtener porque ella nos pone en contacto directo con todo lo que necesitamos saber, y nos explica/muestra exactamente qué tenemos que hacer. [...] El grupo empresarial MSL está fundado sobre la premisa de que Martha en persona es al mismo tiempo líder y educadora. [...] La nómina de «discípulos educadores» que trabajan en MSL puede crecer y expandirse, pero la autoridad de estos se basa en su asociación directa con Martha; su trabajo emana de los métodos y filosofías de Martha, y sus técnicas, productos y resultados son puestos a prueba por ella. [...] La revista, los libros, series de televisión y otros canales de distribución solo son vehículos que permiten la comunicación

personal con Martha. […] Martha no es una imagen institucional y una ficción como Betty Crocker, y no tolerará convertirse en algo así. […] Ella es el centro impulsor y creativo. […] Si escuchamos a Martha y seguimos su ejemplo, podemos obtener resultados reales en nuestros hogares, podemos hacerlo nosotros mismos igual que lo hizo ella. […] Es fácil. Martha ya ha «resuelto» la pregunta del cómo. Ella nos llevará personalmente de la mano y nos enseñará la manera de hacerlo.

Oppenheimer interpreta este memorando o declaración de intenciones robado como algo siniestro, equiparable con la masacre con Kool-Aid de Guyana («A juzgar por sus frases, algunos se preguntaron si el mundo de Martha era más una versión aburguesada de Jonestown que un mundo de amas de casa felices»), pero de hecho sigue siendo una valoración intachable y bastante precisa de lo que mueve a la empresa. Martha Stewart Living Omnimedia conecta con su público a un nivel que trasciende los absurdamente laboriosos y en muchos casos prohibitivamente caros centros de mesa y toques decorativos (la «corona de flores de Pascua hecha completamente a base de cintas» que salía en un programa de diciembre le exigiría al artífice más diligente, reconocía la propia Martha, «un par de horas» y, «si usas la mejor cinta posible, doscientos o trescientos dólares») en los que su presidenta se afana arduamente seis mañanas por semana en la CBS. Trasciende también la conexión propiciada por sus recetas, que están sacadas de libros de cocina de la Sunbelt Junior League (las mimosas de pomelo, la tarta de manzana con queso cheddar y los s'mores al estilo del sudoeste son algunas de las recetas del número más reciente de *Martha Stewart Entertaining*), y reflejan la cocina casera estadounidense de clase media tal y como ha existido desde los años de la posguerra. En una receta de Martha Stewart no hay, por ejemplo, nada de la lógica y la confianza transformadoras de Elizabeth David, ni tampoco nada del magisterio técnico de Julia Child.

Lo que hay es «Martha», en el centro del plano, estableciendo una «comunicación personal» con la espectadora o la lectora, mostrando, contando, guiando, enseñando, «encantada» cuando la vinagreta agitada en frasco más simple posible emulsiona ante las cámaras. Martha se presenta a sí misma no como autoridad, sino como amiga que «ha averiguado la manera de hacerlo», esa vecina emprendedora aunque a veces frenética que no pierde la ocasión de compartir una instructiva nota a pie de página. La canela «auténtica» o «de Ceilán», descubre la lectora de *Martha Stewart Living*, «procedía originalmente de la isla que hoy se llama Sri Lanka», y «hacia el final del Imperio romano […] ya valía quince veces su peso en plata». En un segmento televisivo dedicado a cómo servir champán, Martha explicaba a sus espectadoras que la botella de champán más grande, la Baltasar, tomaba su nombre del rey de Babilonia «que reinó entre los años 555 y 539 a.C.». Mientras explicaba cómo decorar la casa para las fiestas navideñas, dentro del bloque temático «Los Doce Días de Navidad», Martha dejaba caer esta glosa de dudosa veracidad pero aun así útil, destinada a que la decoradora percibiera que estaba haciendo algo más significativo que pintar huevos de papel prensado con dos o tres capas de pintura acrílica blanca semibrillante, seguidas de otras dos o tres capas de barniz acrílico con tinte amarillo, y por fin un acabado con cintas y cuentas: «Al estar el huevo tan estrechamente asociado con la nueva vida, no es de extrañar que las seis ocas del villancico que están empollando sus huevos representen los seis días de la Creación».

No parece que se entienda muy bien el mensaje que Martha está enviando en realidad, la razón de que haya tantas mujeres estadounidenses que consideren el hecho de verla una experiencia reconfortante y extrañamente inspiradora. Se han escrito numerosos trabajos académicos acerca del significado cultural de su éxito (en verano de 1998, el *New York Times* informaba de que «unas dos docenas de académicos de Estados Unidos y Canadá» estaban elaborando estudios como «Una mirada a los armarios de ropa de cama: liminalidad, estructura y antiestructura en *Martha Stewart Living*», y localizando el «miedo a la transgresión» en las «imágenes recurrentes de cercas, setos y tapias de jardín» que publicaba la revista), pero sigue habiendo, tanto en el vínculo emocional que Stewart crea como en las iras que provoca, una frecuencia sonora, como de silbato para perros, demasiado aguda para que la capte el análisis textual tradicional. Las iras, que a veces alcanzan niveles sorprendentes, se centran en la idea errónea de que de alguna forma Martha ha engañado a sus admiradoras para que no vean la ambición que la ha colocado en el foco de su atención. Para sus críticos, parece representar un fraude que desenmascarar, algo incorrecto que enmendar. «Es un tiburón −declara uno de ellos en *Salon*−. Por mucho que tenga, Martha siempre quiere más. Y lo quiere a su manera y en su mundo, no en los reinos agresivamente masculinos del mundo inmobiliario ni de la tecnología, sino en la delicada tierra de los corazoncitos de blonda y los pasteles nupciales.»

«No me puedo creer que la gente no vea la ironía del hecho de que esta "ama de casa por antonomasia" haya construido un imperio de muchos millones de dólares a base de hacer galletas y vender sábanas −dice un post de la "discusión en marcha" de *Salon* sobre Martha−. Leí una entrevista en *Wired* donde decía que la mayoría de los días llega a casa a las once de la noche, lo cual quiere decir que obviamente está demasiado ocupada para ser la madre/esposa/ama de casa perfecta, un papel que ahora muchas mujeres creen que tienen que desempeñar por culpa de la imagen que MS proyecta.» Otra lectora va al grano: «¿No se rumoreó hace un tiempo que Martha le había robado el novio a su hija?». La respuesta: «Creo que esa fue Erica Kane. Ya sabéis, cuando le robó el novio a Kendra. Creo que las estás confundiendo. De hecho, ¿por qué iba ningún hombre a querer salir con MS? Tiene tanta pinta de frígida que cuando sale en pantalla se me congela el televisor». «El problema es que Stewart es igual de genuina que Hollywood —acusa un periodista de *The Scotsman*—. La suya parece ser una llamada de sirena nostálgica para que regresen las amas de casa estilo años cincuenta con una elegancia actualizada. Pero ¿acaso no está mandando un mensaje fraudulento, presionando a las mujeres estadounidenses para que alcancen una perfección imposible en otra esfera más, una esfera en la que, a diferencia de las mujeres normales, Stewart cuenta con legiones de ayudantes?»

La idea misma de la «madre/esposa/ama de casa perfecta», de la «llamada de sirena nostálgica para que regresen las amas de casa estilo años cincuenta», es una interpretación considerablemente errónea de lo que Martha Stewart realmente transmite, de la promesa que les hace a sus lectoras/espectadoras, que es que el saber hacer las cosas de la casa se traduce en poder hacer cosas fuera de ella. Lo que ofrece, a diferencia de las revistas y programas más estrictamente profesionales de decoración y cocina, es una promesa de transferencia de maná, de transferencia de suerte. Lo que proyecta es un nivel de gusto que transforma los detalles a menudo absurdamente recargados de lo que está haciendo en realidad. La posibilidad de salir de la casa perfeccionada al éter más embriagador de la acción ejecutiva, de hacer lo que hace Martha, se presenta con claridad: «Yo, un solo ser humano, tengo seis números personales de fax, catorce números personales de teléfono, siete números de teléfono de coche y dos números de teléfono móvil», tal como les contó a las lectoras de *Martha Stewart Living*. El 19 de octubre, la misma noche de su triunfal oferta pública de venta, explicó en *The Charlie Rose Show* la génesis de la empresa. «Lo que hice fue satisfacer un deseo, no solo mío, sino un deseo de todas las amas de casa, de dignificar las tareas del hogar —contó—. Creo que la figura del ama de casa estaba naufragando. Todas queríamos escapar de la casa, conseguir un trabajo bien remunerado y pagar a otra persona para que hiciera todo lo que no nos parecía digno de nuestra atención. Y de pronto me di cuenta: era un trabajo tremendamente digno de nuestra atención.»

Piensen en esto. Hablamos de una mujer que había dignificado las «tareas del hogar» hasta el punto de que incluso su GMC Suburban venía equipado con una grabadora de minidisc Sony MZ-B3 para escribir al dictado, una grabadora Sony ICD-50 para mensajes breves y un televisor Watchman FDL-PT22, además de teléfonos y un PowerBook. Hablamos de una mujer cuya idea de cómo vestirse para esas «tareas del hogar» pasaba por Jil Sander: «Jil ha atendido a las necesidades de la gente como yo —decía una cita suya en "¡La Página Web NO OFICIAL!"—. Soy una persona ocupada. Viajo mucho. Quiero salir estupenda en las fotos». Hablamos de una mujer que aquella misma mañana de octubre había sido llevada en coche a la Bolsa de Nueva York para servir brioches y zumo de naranja natural bajo una carpa de rayas mientras Morgan Stanley Dean Witter y Merrill Lynch y Bear Stearns y Donaldson, Lufkin & Jenrette y Banc of America Securities incrementaban hasta los 614 millones de dólares el valor de sus acciones personales en la empresa que ella misma había creado. Esto no encaja con ninguna «llamada de sirena nostálgica» a la clase de «ama de casa» que cautivó a América durante aquellos años de la posguerra en los que la conversión de la industria a la producción en tiempos de paz imponía la creación de un mercado para las neveras Kelvinator, y aun así Martha fue la primera en compartir aquel momento con sus lectoras.

«El ambiente era festivo, la comunidad empresarial se mostraba receptiva, y empezaron a venderse las acciones con el nuevo símbolo de MSO», explicaba en su «Carta de Martha» del número de diciembre de *Martha Stewart Living*, y allí estaba entre líneas la promesa de la declaración de intenciones: «Es fácil. Martha ya ha "resuelto" la pregunta del cómo. Ella nos llevará personalmente de la mano y nos enseñará la manera de hacerlo». Y resulta que lo que nos va a enseñar a hacer es bastante más excitante que el típico proyecto de confeccionar una corona de flores de Pascua: «El proceso fue extremadamente interesante, desde decidir exactamente qué iba a ser la empresa (una "empresa multimedia integrada" con un prometedor potencial en internet) hasta crear una larga y compleja propuesta que fue vetada una y otra vez (solo para ser vetada nuevamente por la Comisión de Bolsa y Valores) y vender la empresa por medio de una gira promocional que la llevaría a más de veinte ciudades en catorce días (incluyendo ciudades europeas)». Esto es salir de la casa a lo grande, y en los propios términos de una, el sueño secreto de cualquier mujer que haya convertido en éxito una venta de pasteles en la Asociación de Padres de Alumnos. «Esa salsa de chile la podrías embotellar», les dicen sus vecinas a muchas amas de casa de todo Estados Unidos. «Podrías ganar una fortuna con esas barritas de dátiles.» Lo podrías embotellar, lo podrías vender, puedes sobrevivir cuando falla todo lo demás:

yo misma he creído durante la mayor parte de mi vida adulta que podría mantenerme a mí misma y a mi familia, ante la catastrófica ausencia de cualquier otra fuente de ingresos, montando una empresa de catering.

En otras palabras, el «significado cultural» del éxito de Martha Stewart está profundamente arraigado en el éxito mismo, y esa es la razón de que incluso sus problemas y luchas formen parte del mensaje, y no supongan un detrimento a la marca sino que se integren perfectamente en ella. Martha Stewart nunca se ha vendido a sí misma como una Supermujer, sino como una Mujer Normal, una distinción que sus críticos no parecen entender. Pero Martha sí lo entiende, y en sus declaraciones impresas habla de sí misma como si estuviera poniendo al día a su amiga más antigua. «Sacrifiqué a mi familia y a mi marido», contaba en la revista *Fortune* en 1996, en una conversación con Charlotte Beers, la exdirectora ejecutiva de Ogilvy & Mather y miembro del consejo de dirección de Martha Stewart Living Omnimedia, y con Darla Moore, la presidenta de la firma de inversiones de Richard Rainwater e inventora del sistema de financiación denominado «deudor en posesión» para empresas en bancarrota. La conversación tuvo un tono extraño, bastante más basado en las confesiones íntimas que el típico diálogo entre altas ejecutivas que saben que están siendo grabadas por *Fortune*. «No fue decisión mía —reveló Martha sobre su divorcio—. Fue decisión suya. Ahora estoy muy feliz de que ocurriera. Tardé mucho tiempo en darme cuenta de que el divorcio me dio libertad para hacer más cosas. Creo que no habría conseguido lo que he conseguido si siguiera casada. De ninguna manera. Y me permitió hacer amistades que sé que nunca habría podido hacer.»

Las lectoras de Martha entienden su divorcio, tanto su dolor como sus aspectos positivos. La vieron pasar por él, igual que la vieron lidiar con la Comisión de Bolsa y Valores, vieron su gira promocional por veinte ciudades y la vieron triunfar en Wall Street. Esta relación entre Martha y sus lectoras es mucho más compleja de lo que están dispuestos a admitir la mayoría de quienes hacen parodias y chistes al respecto. «Aunque las admiradoras no crecen en los árboles frutales (bueno, algunas sí), se las puede encontrar por todo el país: en los centros comerciales y en las tiendas Kmart, en casas adosadas y en parques de caravanas, en casas estilo rancho, en bloques de apartamentos y en autocaravanas Winnebago —se hace decir a la parodia de Martha en el libro de HarperCollins *Martha Stuart's Better Than You At Entertaining* ("Martha Stuart es mejor anfitriona que tú")–. Allí donde haya mujeres insatisfechas con su estilo de vida, con lo que son y lo que no son, encontrarás a mis admiradoras en potencia.» Estas parodias son interesantes en sí mismas: demasiado toscas, misóginas de forma caricaturesca (dejar a Martha en ropa interior ha sido un elemento habitual de incontables parodias de internet), curiosamente nerviosas («Mantén los cuchillos lo bastante afilados como para circuncidar» es uno de los artículos incluidos en *Martha Stuart's Better Than You at Entertaining*), extrañamente incómodas, un poco demasiado centradas en marginalizar a un número considerable de mujeres a base de frivolizar sus situaciones y sus aspiraciones.

Aquí hay algo que se percibe como amenazador, y un vistazo a «¡La Página Web NO OFICIAL!», cuyo foco subliminal se centra en un ámbito que no son las habilidades del ama de casa, nos sugiere lo que es. Lo que convierte a Martha en «un buen modelo a imitar en muchos sentidos», escribe una comentarista de la web, es que «es una mujer fuerte que tiene el control, y ciertamente ha cambiado la forma en que nuestro país, o incluso el mundo entero, ve lo que se solía llamar "trabajo de mujeres"». De una niña de once años: «Tener éxito es importante en la vida. [...] Es divertido decir: "Cuando yo sea como Martha Stewart voy a tener todas las cosas que tiene Martha"». Incluso una comentarista que admite ser «una persona esencialmente anti-Martha» admira su «inteligencia» y su «determinación», la forma en que esa «chef, pastelera, jardinera, decoradora, artista y emprendedora suprema» ha mostrado lo que hace falta para «llegar a donde está, a donde la mayoría de los hombres no están ni pueden estar. [...] Es dueña de su propia corporación con su propio nombre, su propia revista y su propio programa».

La web está impregnada de un profundo interés y admiración por la visión empresarial. «Sé que la gente se siente amenazada por Martha, y en Time Warner Inc. van a cargarse "algo muy bueno" si dejan que Martha y su imperio se marchen en un futuro próximo —escribió una comentarista de "¡La Página Web NO OFICIAL!" en la época en que Stewart estaba intentando independizarse de Time Warner—. Apoyo a Martha en todo lo que hace, y apuesto a que si un hombre quisiera poner su nombre en todo lo que hiciera [...] nadie lo cuestionaría.» Las palabras de estas lectoras y espectadoras cuentan la historia que les llega de Martha; Martha «tiene el control», Martha está «donde la mayoría de los hombres no están ni pueden estar», Martha tiene «su propia revista», Martha tiene «su propio programa», Martha no solo «tiene su propia corporación», sino que la tiene «con su propio nombre».

Esta no es la historia de una mujer que le sacó el máximo partido a unas habilidades tradicionales. Es la historia de una mujer que lanzó su propia oferta pública de venta en la Bolsa. Es la historia de la «mujer aguerrida», la historia de la travesía del desierto interior estadounidense, de enterrar a tu hijo en el camino, del nunca volveré a pasar hambre, la historia de Mildred Pierce, la historia de cómo unas mujeres que ni siquiera tienen aptitudes profesionales pueden triunfar por sus propias agallas, enseñarles a los hombres cómo se hace; la historia que ha alentado históricamente a las mujeres de este país, a la vez que ha amenazado a los hombres. Los sueños y los miedos de los que se nutre Martha Stewart no son de vida doméstica «femenina», sino de dar poder a las mujeres, de esa mujer que se sienta a la mesa de los hombres y, con el delantal todavía puesto, se lleva las fichas de la partida.

2000

PROCEDENCIA DE LOS TEXTOS